林進修、陳幸萱——著

走，不一樣的路

臺北醫學大學校友的精采人生故事

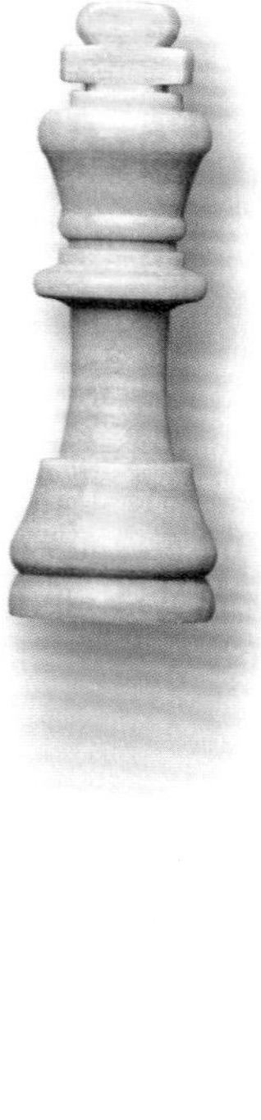

目錄

序

Just Do It，開創一片天

臺北醫學大學校長
閻雲

二〇一一年夏天，有緣受到徵召，自美返回臺北醫學大學服務，回饋母校。忙碌工作之餘，經常沈思大學教育的最終目的與核心價值為何，這是很嚴肅的課題，也是每位高等教育工作者必須省思的社會責任。

看到這本《走，不一樣的路》出版問世，我深感欣慰，因為從這本書的十二位臺北醫學大學校友身上，找到了答案。大學教育的功能，除了要培養學生專業知識，擁有一技之長外，鼓勵年輕人勇於嘗試、獨立思考及決斷力，也是大學教育重要的一環。

《走，不一樣的路》書中，蒐集了臺北醫學大學十二位校友走過的人生路，每一位主角都誠懇地敘述他或她的生命故事，娓娓道出自己的曲折心路歷程，引人入勝。

我們認為，一所大學，學生是血肉，師長是骨骼，而校友就是她的靈魂和精神，校友的表現，直接展現出一所大學教育的成敗。

臺北醫學大學今年創校剛好五十五週年，在不知不覺中，北醫大已培養三萬七千多位校友踏出校園，進入社會奉獻心力。透過這本書的內容，讓我們看到這十二位校友精采的人生故事，遇到生命轉折處，他們從容淡定、放手去做，終於走出一條自己的路，開創個人的一片天。

其實，放手並不是放任，他們的經驗可以讓年輕後輩在前人足跡帶領下，學到鼓勵與關愛，勇敢地向前走，人生終究可以在行到水窮坐看雲起，柳暗花明豁然開朗。因此，這本書可以給年輕世代啟發，人生一步步，決斷一瞬間，永遠相信遠方，永遠相信夢想。

美國著名詩人佛洛斯特（Robert Frost, 1874-1963）一首傳誦當代的詩篇《The Road Not Taken》最後兩句，「我選擇人跡較少的一條路，自此面對截然不同的人生」（I took the one less traveled by,and that has made all the difference.）。

臺北醫學大學這些畢業校友，他們踽踽獨行，追求理想，雖然有時孤單寂寞，但憑著一股堅定毅力與意志，終於走出一條與眾不同的路來。

失落、苦悶、工作難找、薪資22K等，局限於當前台灣的社會氛圍，年輕世代普遍感受挫折。但與其詛咒黑夜，不如點亮光明，換個角度與眼光，大學生踏出校園，敢於追夢，勇於開創，一定可以走出自己的寬廣天地，這是一種自我期許的堅定態度，相信讀者讀完這本書，一定會有深刻的啟發與追夢的衝動，「Just Do It」。只要去做，就有成功的機會。

《走，不一樣的路》是一本勵志好書，十二位臺北醫學大學平凡校友，憑著努力，走出一條不平凡的路。一路上，總在關鍵的時刻，在人生轉捩點上，做出重要正確的抉擇，其中每個校友的心路歷程，足以引路，點亮一盞明燈，也為台灣未來，創造更多成功的故事。

《走，不一樣的路》得以付梓，與讀者見面，特別感謝林進修先生、陳幸萱小姐不辭煩勞地規劃奔走、採訪撰稿，以及天下文化出版公司編輯團隊大力協助，在此一併致謝。

ACTION

1

不往前衝，怎麼改變世界？

用創作關心社會的歌手：

蕭賀碩

「不管做音樂或賣蚵仔麵線，
要做就要做對，不要半桶水。」
這是蕭賀碩一路走來的人生態度。

二〇一四年六月二十八日，金曲獎頒獎典禮當晚，星光大道的紅毯上，眾星雲集，華語音樂人的才華與努力，在此刻迸為閃閃星光。除了各式西裝、爭豔的晚禮服之外，有一個畫面不約而同吸引了攝影師的目光——那是曾在二〇〇八年抱回金曲獎最佳新人的蕭賀碩，她在右臉頰畫了一朵太陽花，表達對「三一八學運」的關切與支持，頓時成為現場焦點。這一晚，她贏得了金曲獎最佳作曲人獎，上台領獎時，留下無數「太陽花」與金曲獎盃的合影。

蕭賀碩在後台接受媒體採訪時表示，畫太陽花的意義在於：「未竟之業，提醒大家，創作歌手的價值，就在花裡。」

她對社會議題的關懷與投入不僅於此，二〇一五年三月十四日全國廢核大

[用創作關心社會的歌手：蕭賀碩]

遊行，蕭賀碩在額頭、手臂綁上反核布條，登上凱達格蘭大道舞台演唱多首國、台語歌，包括自己創作的〈蘭嶼的藍〉，表達反核廢料堆置蘭嶼的訴求。

「長大後，我發現音樂產業的確是末端，反映社會各個面向。」她說。

十歲創作第一首歌

坐在鋼琴前，自在地彈、盡情地唱，舞台燈光灑在她率性的短髮上，閃耀著自信的光芒。蕭賀碩，在得到兩座金曲獎之前，知道這名字的人不多，她自己也曾迷惘，但依然跟隨內心，走上音樂之路。如今的她，自信愉快地與台下觀眾盡情分享音樂、暢談想法，成為舞台上閃亮的一顆星。

這樣的自在篤定來自長期努力，因為她所走的，是一條與大多數歌手不一樣的路。北一女中畢業後，考上

“拿起吉他，
我要好好回敬她，
因為音樂是人生最美麗的事情。”

臺北醫學院[1]醫學檢驗暨生物技術學系——蕭賀碩是一般人口中的「高材生」。

這樣的學歷背景，卻以音樂為志業，家人難道不會有意見？蕭賀碩說，她走「先斬後奏」路線，家人其實也都很尊重她的決定。

許多六、七年級生可能有共同的經驗：小時候，適逢台灣經濟起飛的大好年代，家長熱衷為子女安排才藝課，有時未必是孩子想學，反倒像是圓父母的夢。蕭賀碩在這樣的環境下成長，四歲開始學古典鋼琴，她笑說，大人的觀念好像覺得，「小時候學鋼琴，長大嫁得比較好。」

和其他人不同的是，蕭賀碩很早就展現了音樂上的天賦：她在十歲時寫了第一首歌，十五歲完成填詞創作。

「我從小就知道自己要做音樂。」被問到為何走上音樂這條路，蕭賀碩不假思索、語氣堅定地回答。

她發覺自己在音樂上有些天分，「發現後，就要盡百分之百努力，」因此她在學生時期勤練吉他、鋼琴，演奏與創作不輟，「拿起吉他，我要好好回敬她，因為音樂是人生最美麗的事情。」

1. 臺北醫學院（簡稱北醫），於二〇〇〇年改制為臺北醫學大學（簡稱北醫大）。

從當學生到獨立創作的路上，蕭賀碩始終沒忘記做自己。右上圖：蕭賀碩的畢業音樂會；下圖：蕭賀碩與Legacy團員。

讀北一女時，她參加熱音社、自組樂團，「那時候，總覺得這件事會持續一輩子，我會一直寫歌、練琴。」她說，班上四十幾個同學，有三十二個可以上台大，而她卻選擇做自己想做的事、聽自己想聽的音樂。現在回想起小綠綠的求學時光，她只記得游泳課很難，音樂、美術課很嚴格。

自籌資金舉辦音樂會

雖然頗欣賞自己當年的反骨，蕭賀碩坦言，大學放榜時，得知考上北醫醫技系，心裡還是有點失望，但她很快調適心態，「身為學生，至少學科不被當，達到基本要求，」她笑笑地說：「在這之上，自由發展。」

她在北醫繼續參加吉他社，並擔任社長，「自由」舉辦了許多在當時校園算是創舉的活動，例如：民歌比賽，請到當時知名音樂製作人季中平擔任嘉賓；首屆音樂營，號召學長姊、學弟妹一起參加。

大學畢業前，為了舉辦個人音樂會，她自籌資金，四處募款、募便當，甚至獲得當時系主任資助音響設備租借費用。當然，音樂會非常成功，許多她的同窗講起當年這段往事仍然記憶深刻。

「你還記得我辦的音樂會嗎？」

「當然記得，我們都有參加！」

蕭賀碩的同學李雨青，目前在北醫大醫學科技學院擔任助理教授，聽說她回來母校，特地跑到學院大樓外迎接，他笑說，他們這一屆的同學都很瘋，尤其是蕭賀碩，結合了熱情與工作，才得以在舞台上發光發熱。

李雨青說，蕭賀碩入圍金曲獎時，同學們都守在電視機前，替她加油，一公布她得獎，所有人更是迫不及待，互相通知這個好消息。

在北醫醫技系任職超過二十年的教授楊沂淵表示，蕭賀碩學生時期就很活潑，還笑著說，他們班特別「皮」。

蕭賀碩回憶，學生時期，她曾在校長室打工，當時的校長是胡俊弘，校風十分奔放；或許也是如此，更鼓勵了她在音樂世界自由闖蕩、「想到就去做」的性格。

自由來自自律

畢業十五年後，蕭賀碩再度回到北醫大演講廳「誠樸廳」，不同的是，這次她不再是台下聽課的學生，而是站在台上的講師，與滿座北醫大教師分享她的成長故事。她在演講中談態度、如何與音樂結緣、談成長，提到在北醫最喜歡的課，竟是「藝術史」。

「因為老師讓我心無旁騖地聽他說故事。」她表示，這也是這門課帶給她的啟發：態度的交換。當老師很認真備課，學生也會認真聽課，甚至引起更多學習興趣，這種態度會被「提取」出來，傳染給周遭的人。「不管做音樂或賣蚵仔麵線，要做就要做對，不要半桶水。」這是蕭賀碩一路走來，反覆驗證的人生態度。

蕭賀碩喜歡在音樂裡加入即興元素，她認為即興就是自由的生活態度，而「自由來自自律」，想要自由揮灑，做好基本功最為重要。有一位相當提攜她的前輩——混音工程師林正忠，其嚴謹的工作態度，讓她時時引以為模範：即使已相當資深，每次錄音前，

“其實才華是兩面刃，
有才華是最辛苦的，
因為你不甘於平凡，但你也不是天才。”

林正忠還是會親自到錄音室，一一把每個按鍵歸零。從他身上，蕭賀碩體認到：「做好自己的工作之後，才能帶給社會更多。」

北醫大的教師問她，當孩子想朝音樂領域發展，如何判斷他在音樂路上能否成功，如何決定放手讓他去闖？

「放手吧！」她回答，「當他跌倒時，就會知道自己是不是這塊料。」

「其實才華是兩面刃。」蕭賀碩說，成功不只需要才華，還需要追求「品質」。她引用前輩的話：「有才華是最辛苦的，因為你不甘於平凡，但你也不是天才。」這讓她更感受到努力的迫切，分分秒秒與時間競逐，只擔憂自己怠惰了，浪費美好天賦。

「三天不練琴，我就覺得自己是廢物。」俗話說：「台上一分鐘，台下十年功。」很多人羨慕蕭賀碩在舞台上的成功，但這樣的成功，來自每一刻把事情做好的堅持。「站在台上和打網球很像，背後付出許多努力、有很多人支持，但站在台上時，只有自己。」

她認為走哪條路都一樣，「需要感受自己真正良好的特質，不是只有自我感覺良好。」發掘自己的天賦，然後積極努力，讓天賦在舞台上發光發熱。

「有才華的人，更需要加倍努力。」即使有如此覺悟，蕭賀碩仍有過許多自

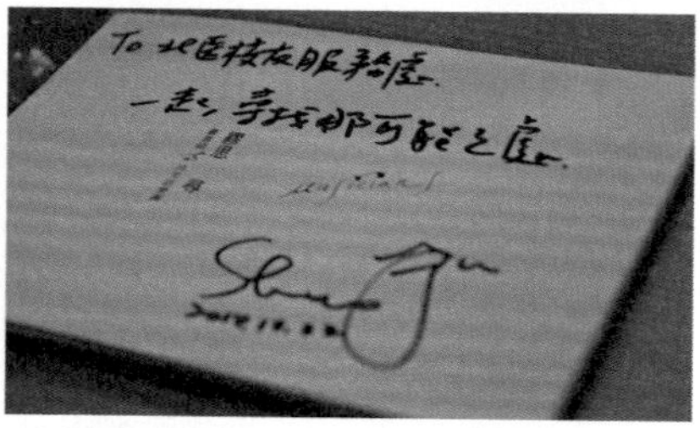

對蕭賀碩來說，音樂是讓別人聽見自己的方式。

我懷疑的時刻，甚至一度想靠醫檢為生。她一九九九年自北醫畢業，蕭賀碩半年後考到醫檢師執照，進入北醫附設醫院檢驗科工作。

收入從36K掉到15K

蕭賀碩表示，醫檢師的工作穩定、待遇好，比起當個音樂人，自然安穩得多，家人也比較放心。但在一次抽血經驗中，她體認到，這也許不是自己想走的路。

「那是其他醫檢師的病人，還沒抽血就昏倒了，」她回憶，當時現場驚慌忙亂，她卻束手無策，最後病人被送到急診室急救，「人生無常，這道理我本來就知道，但看到病人難受又幫不上忙，心裡非常難過。」

蕭賀碩有顆纖細、敏感的心，在擔任醫檢師期間，她下班回家後，往往要花上一個小時，才能平復工作帶來的情緒。這樣敏感的心靈，暴露在醫療專業隨時都得面對的生死交關下，似乎「過激」了些；她更擔憂，自己柔軟的情感會漸漸變得冰冷麻木。

「看到學長姊理性的面對這些，我問自己，要變成那樣嗎？」她說，人的適應力很強，如果繼續做醫護人員，自己勢必會硬起心腸、封閉天生靈敏的感知，「我一直很努力在做自己，所以不能接受這個部分被磨掉。」為了守護柔軟的心，誠實做自己，她毅然決然放棄醫檢師工作，全心投入音樂這條路。

這一走，薪水就是三萬六千元和一萬五千元的差別。家人不擔心嗎？蕭賀碩輕描淡寫笑著說：「媽媽有偷偷塞錢給我。」追問之下，她才進一步透露，前三年收入很不穩定，還要繳房貸，的確會不斷自問，「怎麼平衡理想和現實？如果這件事不能維持生計，是不是還要做？」

直到她二〇〇六年進入華納唱片擔任音樂助理，還有人問她是不是「頭殼壞掉」，否則怎麼會放棄高薪，到一個產業最底層從頭做起？

蕭賀碩說，這一路的確不容易，「我曾經有過口袋裡只剩一百元的日子……但在我最低潮的時刻，永遠都是音樂拯救我。」

對音樂的熱愛與才華，加上努力不懈，讓她逐漸嶄露頭角，除了首張專輯《碩一碩的流浪地圖》在二〇〇八年獲得金曲獎最佳新人肯定，她在唱片公司一路從音樂助理、執行製作、製作企劃升格到製作人，只花了六年時間，這在音樂產業中，算是速度很快，尤其以女性音樂人來說，更是難得。

「如果自己夠好，就會被聽見。我曾懷疑自己的初衷，最後是音樂回過頭來告訴我：妳沒有錯。」她說，房貸還不出來，可以賣掉房子，「如果放棄音樂，就不是小碩了。」

用音樂改變世界

二〇〇七年發行首張專輯後，蕭賀碩的現場演出忽然人滿為患，歌迷甚至多到擠不進台下，「但我唱得超爛，我不知道自己是誰。」二〇〇八年得獎後，她為了找尋自我，跑到紐約去學一直想學的爵士樂。

千里迢迢到了紐約，蕭賀碩才發現，那裡的爵士樂和自己心目中的差好多。她一路尋找，最後在紐奧良找到魂牽夢縈的爵士樂，伴隨而來的，卻是悵然與迷惘。

「那個時代已經回不來了，」蕭賀碩說，她終於找到的爵士樂，「聽起來像針一樣射入心中，連防備都沒有辦法，」卻已隨著時光凋零、老去，「那音樂

“
我曾懷疑自己的初衷，
最後還是音樂回過頭來告訴我：妳沒有錯。
如果放棄音樂，就不是小碩了。
”

象徵他們那一代人的生活。」她心神嚮往的東西跟著故人消逝在時空裡，也讓她醒悟，「最終還是要捲起袖子來，把我學的東西寫出來，讓新人類也有心神嚮往的東西。」

「我要帶給社會更多的美。」她提到，台灣現在的流行音樂像被集體催眠，她做的事是和尚敲鐘，希望敲醒這片催眠之音。

她用流行音樂較少使用的奇數拍創作歌曲〈Musicians〉，並加入三到四拍的變拍，「很高興金曲獎評審看懂了，也肯定我。」她因為這首歌獲得二〇一四年金曲獎最佳作曲獎。

除了創作型態突破既有窠臼，蕭賀碩的音樂也緊繫社會，表達對各類議題的關懷。她的創作演出曲目，包括省思核能的〈蘭嶼的藍〉、關心台灣食安問題的〈呷飽未〉等。

「音樂是社會末端，反應社會各個面向，觸及到每一個人，」蕭賀碩說，「醫護、教學，其實也都是社會末端。」言下之意是，不管身處哪個行業，每個人都應該關懷社會問題，在自己的崗位上，嘗試帶來好的改變。

以音樂為志業的她，對自己期許更深：「音樂工作者本來就要不顧一切往前衝，不往前衝，怎麼改變世界呢？」

音樂對蕭賀碩來說，是「讓別人聽見」的方式，她說，自己因為金曲獎才幸運被聽見，所以更要好好地努力過生活，將生活寫進創作裡，讓更多人聽到這些值得投入的音樂。

隨時「保持新鮮」

一個星期五夜晚，蕭賀碩在西門町Legacy舉辦「客廳音樂會」。「把這裡當作我家客廳，你們都是來我家的客人。」蕭賀碩請觀眾放輕鬆享受音樂，讓音樂真正進入生活裡。全場氣氛輕鬆，她也打破台上、台下藩籬，與所有人玩成一片。

當時食安問題接連爆發，台灣「食在不安」，蕭賀碩演唱自創曲〈呷飽未〉，用歌詞「GMP你哪裡……確定的幸福像驕傲的香雞排」連結大家都關心的時事，再加入台下觀眾的「即興創作」：她拿著麥克風走到每個「朋友」面前唱一句「呷飽未」，然後遞出麥克風，麥克風前的人就說一段或唱一段。現場頓時充滿抱怨食安「不要再假了」，或「台北不是我的家」的真情告白，甚至有人真的即興唱上一段。現場每個發聲都圍繞著台灣，希望台灣更好。

歌曲最後，蕭賀碩說：「也許現在還沒有答案，但大家一起努力，好嗎？」溫柔而堅定的聲音，就像她的歌、她的信念。

參加過蕭賀碩的音樂會、聽過她的音樂，你會驚覺自己生活中的音樂是多麼貧乏蒼白，忍不住自問：「生活裡的音樂是不是太少了？」又彷彿遺忘已久的感官被重新開啟，忍不住想找好友分享此刻的感動。

她經常演出的曲目還有〈嘸通嫌台灣〉藍調版，充分表達她對故鄉的認同、對這片土地的關心，以及融合不同文化的音樂創意，「我小時候被限制不能說台語，現在我要讓這首歌在時代廣場迴盪。」

近幾年，她嘗試在音樂創作中，加入不同元素，例如爵士和台語。為了讓台語歌換上新靈魂，她苦練台語，但總感覺自己「台下八十分，台上只有五十分」，還要繼續學習。

她甚至開始學習葡萄牙文，只因發覺用不同的語言，有全然不同的節奏。

這就是時刻「保持新鮮」的蕭賀碩，她的眼裡總是閃著好奇的光采，真誠地對待自己、對待他人，如此容易打動人心。相信未來，她會在音樂路上，發揮更多創意，深植對這片土地的關懷，並持續影響更多人。

（採訪／陳幸萱）

給年輕的你

時間多麼公平，花費它去做應付的事，便得到敷衍的結論。在每個當下無愧，不論得到什麼結果都有意義。理想不分貴賤，重點是清楚自己想要的，有執行的勇氣、才華與耐力，真的知道自己在做什麼。所有看起來行雲流水、層次凜然的，都不是理所當然。

土地孕育承載了所有，食物、水、語言、文化、科學，所有的美與黑暗。時時刻刻感謝，回饋土地，我們都是一期一會的出現。

共勉之。

蕭賀碩

ACTION

2

到需要你的地方去

奉獻偏鄉三十年的醫師：楊三

"我跟定若瑟醫院這部小型車，跟定奉行『全犧牲、真愛人、喜常樂』的神父駕駛們，他們從不變軌，從不變速，是最好跟的老闆。"

初次拜會楊三醫師，是在雲林虎尾若瑟醫院的圖書館，看見他埋首閱讀的專注身影，以及背後滿牆的醫學期刊雜誌，終於理解為什麼醫院同仁都說，只要醫院裡找不到楊三醫師，他就是在圖書館裡。楊三自稱「庄腳醫師」，圖書館裡許多期刊卻都是他引進的，他說，如果不努力進修，怕會和醫學最前線脫節。

天主教若瑟醫院內科醫師楊三，是臺北醫學大學醫學系第十七屆校友，在若瑟醫院服務長達二十五年，去年獲頒醫療奉獻獎。在醫護人員口中，週末會主動查房、連颱風天也會來的楊三視病如親，看診時總是不穿白袍，平日騎著腳踏車上下班，關心病人就像家人一樣，親切樸實，數十年如一日。

從北醫畢業到獲得醫療奉獻獎（圖上），楊三將「救人是醫師的天職」銘記在心。下圖：楊三（第二排左數十）任實習醫師時的結業合照。

楊三求學時，曾待過台灣兩個最繁榮的都市——高雄與台北，也幾度有機會到其他資源充沛的醫院工作，最後卻選擇到相對偏遠的虎尾若瑟醫院貢獻專業，只因創院院長松喬神父的奉獻精神，與他的理念契合。

「到有需要的地方去」，大概是松喬神父大半輩子投入西濱山海縣醫療的原因，也是楊三將二十多年歲月及專業奉獻給虎尾的理由。有趣的是，在天主教醫院工作的楊三卻篤信佛教，而佛教信仰正是引領他到虎尾若瑟醫院的契機。

自行輟學重考

每個人在年輕時，總有對生命意義的好奇與探索，楊三的探索經驗比起一般人又更特別些，也導致他日後做出與眾不同的選擇。

楊三自幼家貧，爸爸是雲林虎尾人，曾至東京帝國大學攻讀法律，原本家境優渥，擁有不少土地，卻因父親擔憂國民黨打敗仗後，共產黨會清算地主，民國四十二年拋下地產，舉家搬到台東。

民國四十四年，楊三出生於台東大武，有兩個哥哥、七個姊姊，他排行老么。他回憶，當時家裡很窮，僅靠種香蕉為生，只要颱風淹水，收成就全毀，飯桌上經常只見空心菜和番薯。母親懷他的時候，營養不良到甚至看不出有肚子，產後也沒錢坐月子，只吃了一顆雞蛋補身體，他因此成為兄姊口中「雞蛋生的」孩子。

排行最末，母親本來想，大概等不到這個孩子長大成人、報答養育之恩，生了做什麼？

沒想到幾個孩子裡，就屬楊三與母親最親，不僅日後在虎尾安居時接她同住，自小跟隨她接觸的佛法，也成為他的信仰力量，影響所及，他雖不像母親吃長素禮佛，卻也是斷斷續續茹素。

儘管小時候用盡方法都無法斷奶，讓母親傷透腦筋，楊三卻很早就離家獨自生活。

中學時，楊三獨自到高雄就讀當時的高雄市立第三初級中學，現在的獅甲國中。他說，父親帶他到高雄租好房子就回台東了，求學期間，家人不在身旁，即使罹患感冒，發燒到四十幾度，也只能躺在床上，沒有人知道。

早早獨立的生活，讓楊三極有主見。高雄中學畢業後，他先考上高雄醫學院，上了一個月的課覺得「很悶」，就不再去上課。他笑說，可能在高雄住太久了，大一課程又還未進入專業領域，他乾脆每天去圖書館準備重考，隔年考上臺北醫學大學時，家人還是收到入學通知書，才知道他早已「輟學」。

佛七經驗影響一輩子

一九七五年，楊三進入北醫醫學系就讀。楊三說，學醫的人對生死與存在的問題特別好奇，例如人為何擁有聰明智識？若是因靈魂才有智識，靈魂又是哪裡來的，是上帝創造的嗎？那靈魂是否又有靈魂？楊三後來發現，這是哲學問題，「醫學可以解釋上千億細胞，卻無法解釋靈魂。」

對生命的好奇，以及受母親長素禮佛的影響，他在大二加入佛學社，一開始自然懵懵懂懂，每逢週末就跟學長一同去三峽西蓮淨苑，聽師父講《楞嚴經》。沒想到，跟學長去打佛七的一次經驗，從此影響他一輩子。

他回憶，當時被學長陳國星帶去台北市濟南路，參加蓮友念佛團，他們這幾個年輕大學生甚至沒有報名，就跟著念佛打坐。只見現場莊嚴肅穆，唸及「婆娑世界一片苦海」，眾人飲泣，念佛聲竟轉為悲切，楊三也感念落淚，趴在拜墊上哭了起來，就在此刻，他發願將來學成行醫，絕不以賺錢為目的，因此才有了後來視病如親，假日自願到醫院巡房的楊醫師。

忽然，佛七現場的老先生、老太太們一陣騷動，學長用手肘碰他，要他往上看。他抬眼望去，原本肅穆的六丈金身佛像竟然在笑；他特地繞了不同角度觀察，「左邊也看到，右邊也看到。」佛像咧嘴笑了。這個「科學無法解釋」的畫面一直烙印在他腦海中，「我能堅持這麼久，沒有俗化、變成一般人，都是因為這件事。」

這次體驗，讓楊三在「當今唯物主義論調滔滔不絕、引人入勝，科學論證繁複分明、緊迫盯人」的時代，還能保有剩下來的一點異議，即使每天面對最新的醫學科技，仍能維持信仰。

外科R1做定了

「絕不以賺錢為目的」的誓願，把楊三帶往偏鄉僻壤，幫助亟需醫療資源的鄉里。他在彰化基督教醫院實習，完成五年內科住院醫師訓練後，捨棄去台大血液科進修的機會，也不留在彰基做主治醫師，反而到長庚醫院外科從R1（住院醫師第一年）做起。

以醫師養成訓練來說，這等於「自廢武功」，從初階工作開始學起，加上

楊三在若瑟醫院奉獻大半輩子，如今兒子（下圖左）也一同到若瑟醫院服務。上圖：楊三與若瑟醫院創辦人畢耀遠神父。

內、外科臨床專業差別之大，一切都得從頭來過。

「當時長庚外科部主任陳敏夫相當意外，問我為什麼要來？」此時楊三已經結婚，這個決定讓太太很生氣，好不容易熬完住院醫師、專科受訓，可以獨當一面從事醫療工作，怎麼又要重新受訓？「那還要多久時間？」太太只覺得楊三不可理喻，家人也質疑他這麼做的理由，希望他別走這條路。

但楊三的想法是，自己生長於鄉下，以後也要到偏鄉服務，「真正好的鄉下醫師必須全能才行。鄉下可能只有我一個醫師，必要時，必須會開外科的刀。」而長庚醫院外科手術很多，對想學外科的他來說，是最好的學習之處。

儘管家人反對，他心裡的想法是，「外科R1做定了！只要想到有開不完的刀，我就興奮不已。」

回想當時的生活，每天早上六點四十分查房巡病患，八點進開刀房開刀，甚至連飯都在開刀房吃，雖然辛苦卻很充實，每日如海綿般不斷吸收新知。

楊三上有老母，下有妻子兒女，這樣的外科學習時光宛如「偷」來的，儘管滿足卻無法太長久，「我從來不敢奢想去完成外科醫師訓練。」

外科住院醫師第一年，他參與了心臟手術，當他激動地把活跳跳的心臟放在手上時，「我覺得我可以獨當一面，做個全科醫師了。」於是在外科R1訓練後，他離開長庚外科，到雲林、南投行醫。

那種愛，教會我什麼是堅持

另一個讓楊三一生難忘的悸動，則是發生在這段期間。剛完成住院醫師訓練的他，一心想到醫療資源稀少的偏鄉貢獻所學，他先到雲林虎尾糖廠診所，覺得太過清閒，心想乾脆再跑遠一點。這時，他剛好看到報紙分類廣告刊登了南投鹿谷農民診所徵人訊息，他想也沒想，就隻身到鹿谷赴任。

一天，一位阿公抱著溺水的孫子來急救，奇怪的是，阿公把孫子丟在診間，人就跑了。楊三一看，可能是掉到水裡的時間太久，時值冬天又失溫，孩子的皮膚已經開始發黑，他第一個念頭是「不想救」，因為救回來可能成為植物人，是另一種沉重的負擔。他想找家屬討論放棄急救，一踏出診所大門，只見阿公

“
真正好的鄉下醫師必須全能才行。
鄉下可能只有我一個醫師，
必要時，必須會開外科的刀。
”

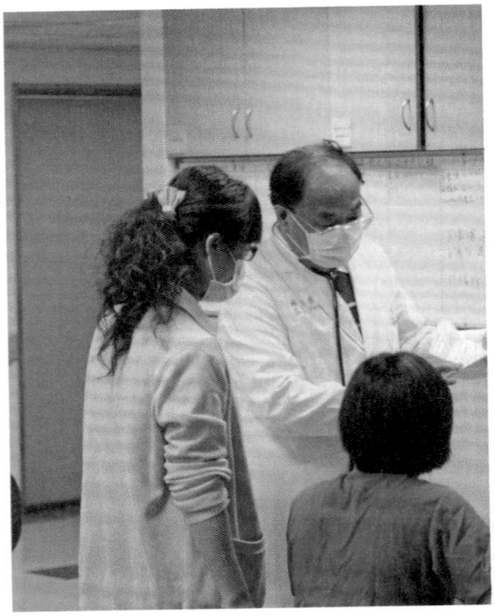

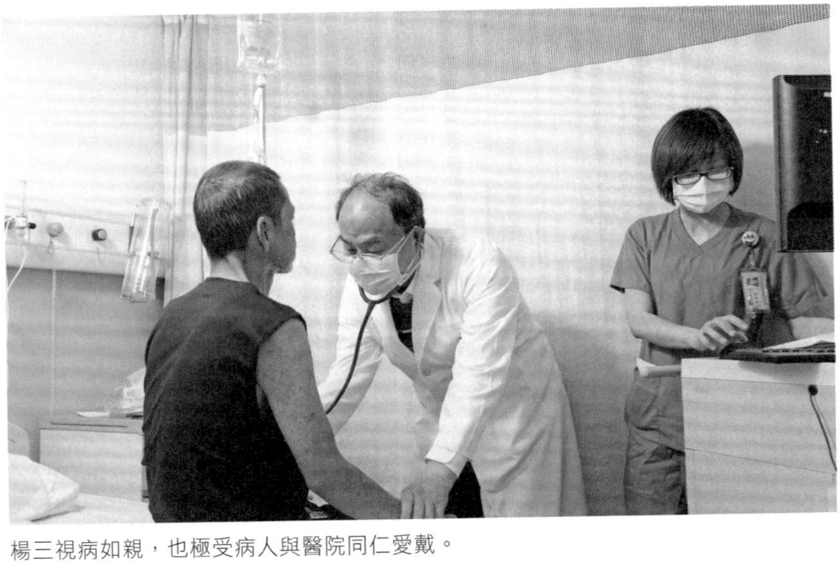

楊三視病如親，也極受病人與醫院同仁愛戴。

跪在門口，不斷仰天朝拜，祈求老天救他的孫子。

原來一放下孫子，阿公就衝到門外，跪求老天爺救孫。上了年紀的老人家，跪地拚命拜求，觀者都忍不住動容，「那種愛，教會我什麼是堅持。」楊三咬牙轉身回到診療檯，拚命急救，終於把孩子從鬼門關搶回來。「那是我第一次自己主持急救，救活一個人。」這樣的奇蹟讓楊三一輩子難忘，他說，之後的醫師生涯救了很多病人，但都比不上第一次搶回一條生命的悸動，堪比「洞房花燭夜，他鄉遇故知，金榜題名時」。

這次深刻的經驗，讓他體認到，只要堅持不放棄，奇蹟就有可能發生。

楊三在鹿谷農民醫院行醫是一九八七年的事，過了二十多年，他太太到南投，正好住在當年搶救回來的孩子家中，被認出後，受到一家人熱情款待。當年雖然擔憂孩子傷到腦部，影響智力，楊三妻子發現，他如今不僅照料生活無虞，甚至負責旅館經營，管理好幾個人。因為楊三的堅持，奇蹟般搶回一條生命，並在二十多年後，成長得歡快豐盛。

楊三在鹿谷農民醫院工作一年，病患多是農民等在地人，地方小，人也不多，所學似乎沒有太多發揮空間，他開始思考是否太「大材小用」了？雖然他自認可以比診所裡其他老醫師做得更好，「但我希望可以做得更多。」他想，應該有一家規模適當、更需要自己的醫院。

一間不為賺錢的醫院

這時，楊三聽說原本在長庚外科的北醫學長胡聰仁轉赴虎尾若瑟醫院任職。胡聰仁不僅以臺北醫學院第一名畢業，更曾到泰北服務，貢獻醫療專業，在楊三眼中是個模範醫師，既有愛心又有主見，他到若瑟醫院，對楊三來說無異是種鼓勵。加上楊三輾轉得知，若瑟醫院正需要內科醫師，他知道自己該去這裡。

二十五年前，雲林一帶醫療資源極度缺乏，若瑟醫院內科大部分人力都不是現代醫學院住院醫師訓練出身，唯一一位受過完整內科訓練的腸胃科主治醫師鍾國章，卻是義務到若瑟醫院幫忙，在虎尾鎮有自己的診所。

不僅醫療人力極度短缺，醫療設備也貧乏得可憐。當時，若瑟醫院的加護病房只有一台拼裝呼吸器，非常容易故障，一旦故障了，還得醫師自己修理，往往急診病人送來，機器又壞了，「一般情況等於沒有加護病房。」

百廢待興，楊三笑說，有好幾年忙到暈頭轉向，於是一待就是二十五年，除了忙到沒心思去想還能去哪？最重要的是他認同若瑟醫院的精神——這間醫院是教會醫院，成立醫院不是為了賺錢。這與楊三在學生時期，打佛七立下的誓言不謀而合，「醫院也沒把賺的錢吞了，我幹嘛要走？」

創院院長松喬神父的精神更是感動楊三，讓他心甘情願在虎尾若瑟醫院奉獻大半輩子。他說，為了募款買儀器，松喬神父從台灣東海岸跑到西海岸，募得的錢加上貸款全部投入醫院建置，甚至在醫院營運成長後，也毫不猶豫地遷建教堂，在教堂原址擴建醫院、增加病房，這樣的奉獻讓楊三和其他人欽佩不已。

像家一樣的地方

回憶二〇〇八年過世的松喬院長，老員工們都無限緬懷。所有醫院員工都記得領薪水時，在院長位於醫院一樓的辦公室兼寢室中，看著他從床底拿出一疊疊用橡皮筋捆好的掛號費，親遞至手中，同時看著他們說：「這個月辛苦你了，謝謝你。」楊三說，聽到這句話，一個月的辛勞彷彿煙消雲散，再辛苦也不算什麼。

在若瑟醫院服務三十八年的企劃室專員張雲秋說，若瑟醫院就像一個家，院長有如爸爸一般，關照家中每個成員。她回憶，有一次自己生病住院，松喬神父每天都來查房關心。楊三也說，每天到了下午五點半，若醫院同仁還沒離開辦公室，松喬神父就會趕人，因為他堅持每個人都還有另一個工作——自己的家庭。

在這樣的氛圍及精神指標下，楊三及一干年輕醫師在若瑟醫院盡情揮灑專業，齊心建置醫院制度、擴充人力及軟硬體設備，若瑟醫院也逐漸步入正軌，業務蒸蒸日上，終至償清債務，仍然堅守「不以賺錢為目的」的中心價值。

一家三代都指定

病人眼中的楊三是十足親切、給人安全感的好醫師；同仁眼中的他，則是熱愛工作、視病如親，值得敬重的頭牌醫師。對此，他只淡然表示，看到松喬院

“

有些病人愈看愈老，
能治好他們的病，我也很高興。

”

長一點架子也沒有，二十四小時在醫院待命，身為內科主任的自己，「還有什麼好計較？」

許多病人一家三代都找楊三看病，來醫院一趟，乾脆公婆、兒女也一起帶來，「有些病人愈看愈老，能治好他們的病，我也很高興。」或許因為雲林是楊三的家鄉，人親土親，他與病人的關係少了距離，多了親密。

張雲秋說，楊三對病人總是笑瞇瞇的，有時會摸摸他們的頭、拍拍他們的肩，也會鼓勵病人及家屬，「治療只是一個過程，終會過去。」像家人一樣的關懷，讓病患及家屬至今都還感念在心。她甚至聽過楊三查房時，對一位照顧媳婦的婆婆說：「你們都辛苦了，老人照顧老人，更辛苦。」

每逢週末，其他醫師都放假了，楊三還會主動到醫院查房。面對他人的敬佩，楊三笑說，其實週末查房很聰明，反正放假在家也沒什麼事，騎腳踏車到醫院查房還可以當作運動。遇到颱風天，楊三也會主動替其他住得較遠、不方便到醫院開診的醫師看診。

病人對楊三的愛戴，更是不言而喻。早年虎尾若瑟醫院是附近山縣、海縣居民看病首選，感激醫師的病人覺得無以為報，紛紛把家裡產的山珍海味帶去醫院，似乎只有醫師收下，才能聊表心意。推辭不掉的「山珍海味」，往往堆滿楊三座位後方，靠海的台西鄉病患送來鰻魚，林內、斗六等鄉鎮病患送來空心菜或雞，「有的（家禽）還是活的，綁一綁就送來。」全都代表病患滿滿的感謝。

求知若渴

雖是「庄腳醫師」，楊三自習進修不輟，每個月都到台北參加醫學會議，學習新知，把最新的藥帶進虎尾。「虎尾不比台北，不進修是會落伍的。」楊三說，有些若瑟醫院的藥拿去台北，連台北的醫師都驚訝：「鄉下地方怎麼有這種藥？」

張雲秋笑著對我們說，要找楊三很容易，「不是在醫院，就是圖書館。」楊三無論大小論壇都會去參加，他說，進修最大的心理障礙，是認為聽了，平常也用不到，但他不管用不用得上，都認真聽、隨喜聽，習來的知識往往在意想不到的地方派上用場。不斷求知求新，使他先後獲得一般內科超音波、老人急重症安寧療護的專科醫師資格，並協助虎尾若瑟醫院成立安寧療護病房。

除了求知若渴，楊三自有一套知識管理方式。得知我們一行人要從台北南

下採訪他求學至行醫的種種，楊三特地撰寫了幾份文件，自述求學至今的經歷及心得，其中有一份特別的文件，可以說明他的獨特行事哲學。

「聽說你們有三天兩夜的訪問行程，這三天辛苦了。回想我們這屆六四一班在畢業後，醫師生涯如同走在舒緩的省道上，而將來北醫大的學弟妹們會暴飛於人生旅途上，雖然機會百倍於我們，風險也百倍於我們。

「機會需要學弟妹們自己去創造，至於風險，若能從學長們的經驗傳承中，學習如何去避免，將會有所助益。

「請容許我先問一個簡單的問題，好嗎？你們依照什麼策略，保證在高速公路快速前進時，一旦有必要緊急剎車，有百分之八十的機會不被追撞，又能準時到達目的地？

「這是瞭解我行事關鍵的問題，我執行此策略數十年，想讓你們回程時試試看，這樣開車會增進你們行車的安全。」

「超大安全距離」哲學

接下來，楊三說明他的方法：選定一輛等速，並以接近超速一百一十五公里前進的小型車，用其他車子所不能忍受的超大安全距離，跟定所選的車子，直至抵達目的地。

「開得比我快的小型車，受不了我設定的超大安全距離，會加速離開我的車後；開得比我慢的車，將被我拋得遠遠的；而能以等速開在我後方的車必定不多，若同道，不妨相偕同行，其自能保持安全距離，若偶遇，則我稍微減速，待其超車離開後，再維持原本的速度……我的重要人生決定，大致都是依此邏輯做成的。」

他說，能在全國四十三位競爭者中，僥倖獲得第二十四屆醫療奉獻獎，也是因為神父在窮縣偏鎮醫療傳道的精神獲得社會肯定。他提到，當若瑟醫院小兒科因缺人而關閉，急診求救無門時，神父最常說的一句話是：「為什麼我無法讓虎尾鎮的小兒科醫師來輪急診？」

「我跟定若瑟醫院這部小型車，跟定這個奉行雷鳴遠神父『全犧牲、真愛人、喜常樂』信念的神父駕駛們，他們終其一生是醫院的精神領袖，從不變軌，從不變速，是最好跟的老闆。

「雖然辛苦至今值班了二十五年，只要母親每天有四果拜菩薩就可以了。」

（採訪／陳幸萱）

給年輕的你

回想讀書時的我少不更事，糊里糊塗地過了六年。但幸運的，我們班曾擁有有志氣的班代表，如現任校長閻雲、王志堅、江慶鐘、陳世豪、洪湧泉等，幫我們中午額外加課，以加強基礎醫學，例如：免疫學、X光判讀、神經解剖等。

在彰化基督教醫院實習時，因牧師傳道以及院內自由的宗教氣氛，受益良多，人生路程因此而改變，含淚離開台北是禍卻成福。

不要追漲二十年後可能殺跌的熱門科系，往需要你的地方去！

行醫是正命、正業，最需要正精進。選擇了她，即使面臨歷史最黑暗的時期，你也會被賦與軍醫在血肉橫飛的戰場上執行救治傷患的任務。

另外建議：

多讀傳記，吸取成功人生經驗，尤其是外國傳教醫師傳記。

少讀賺記，汙染心靈，徒增貪瞋痴。

多讀戰爭史，從人生大禍中，重新出發。

硬啃原文教科書。

學習第三外國語。

精通統計學、臨床實驗設計、費心程式設計。

你們前途遠大，需謹慎選擇志同道合的朋友啊！

楊三

ACTION

3

挑戰不可能的任務

顯微鏡版CSI病毒神探：謝文儒

"我的工作和FBI調查員差不多，只不過，我是透過顯微鏡對焦檢體，把致人於死的病毒、細菌一個個揪出來。"

奧地利作家彼得・艾騰伯格（Peter Altenberg）曾說：「如果我不在家，就是在咖啡館；如果不是在咖啡館，就是在往咖啡館的路上。」這段幾乎每個人都能琅琅上口的經典名句，如果把家及咖啡館改成解剖室和疫區，其實也能套用在謝文儒身上。

謝文儒是美國疾病管制局（CDC）傳染疾病病理部資深聯邦醫官，這二十年來，全球各地重大傳染病流行疫情，他幾乎無「疫」不與，不是前往疫區採集檢體，就是待在解剖室及實驗室，想方設法揪出元凶，全力敉平疫情。

二〇一四年十月底，謝文儒應邀回母校臺北醫學大學，分別為醫學系四年級及二年級的學弟妹們各上一堂課，前者以「全城戒備：一個公共衛生的夢魔」（City Under Siege: A Public Health Nightmare in Kenema,Sierra Leone）為講題，後者則是「單一螺旋體RNA病毒」（Single –Stranded Positive Strand RNA Viruses），內容大都圍繞在伊波拉等致命病毒，以及他自己在歷年全球重大疫情所扮演的角色。

「我手上有一份名單，我們來點名吧！」重回三十幾年前，自己還是醫學生時上課的教學大樓二一〇一教室，謝文儒不改赤子之心，假裝要開始點名，逗得上百名學弟妹哈哈大笑，一下子就拉近彼此距離。

「可以坐前面一點嗎？」謝文儒向坐在教室後面的學弟妹們招手，同時自我解嘲說，當年他還是毛頭小子時，總喜歡挑最後面的位子坐，也經常蹺課到外面閒晃，沒想到一轉眼過了近四十年，大家還是習慣擠到教室後面。

面對著一張張青春臉孔，再細數這些年，他在美國疾病管制局和各重大疫病周旋的往事，謝文儒挺直腰桿，滿臉驕傲神情。

全球疫情，即刻救援

細數謝文儒參與的全球戰「疫」，得從一九九五年說起。

那年，他剛進CDC工作，就碰到非洲薩伊（目前改名為剛果）爆發的伊波拉感染風暴，共有三百一十五人感染，兩百五十人死亡，高達百分之七十九的死亡率，讓他見識到伊波拉病毒的可怕。

他說，早在一九七六年，伊波拉病毒就現身薩伊，三百一十六名感染者中，有兩百八十人死亡，致死率高達百分之八十八。同年，蘇丹也出現伊波拉疫情。接下來疫情沉寂了近二十年，直到一九九五年薩伊再度爆發疫情，伊波拉病毒才又捲土重來，分別在一九九六年加彭、二〇〇〇年烏干達、二〇〇一年加彭、二〇〇七年烏干達、二〇一三年剛果，以及二〇一四年在幾內亞、獅子山、塞內加爾和奈及利亞爆發的最新一波大流行，一路延燒到西班牙及美國，數萬人遭到感染，近半不治死亡。

其中，一九九六年在加彭的那場伊波拉疫情，有三十七人感染、二十一人死亡，經調查發現，疫情和一隻死掉的猩猩有關。原來當地有十九名村民發現一隻死掉的猩猩，見獵心喜，剝皮分而食之，幾天後全都發燒、嘔吐而死，最後證實他們都從那隻猩猩身上感染了伊波拉病毒。

當病毒改變身分，被用來當做生化武器時，謝文儒他們也會出動調查，例如：二〇〇〇年及二〇〇一年間，在美國造成極大恐慌、人人聞之喪膽的炭疽

二〇〇三年，謝文儒曾協助台、越控制SARS疫情，並獲頒國家《紫色大綬景星勳章》（圖左上）；右上圖：當年謝文儒（左一）在台北市第二殯儀館解剖室；下圖：當年謝文儒（站立者左三）在越南河內WHO總部。

病。起源是一名美國NBC電視台祕書的前胸莫名出現結痂，經調查發現，她收到民眾寄來的信件上，被惡意置入炭疽病毒，以致接觸後感染了皮膚性炭疽熱。幾乎同時，美國國會山莊也接到同一筆跡、內容類似的信件，幸好謝文儒他們抽絲剝繭，驗出炭疽病毒，才及時阻止一場恐怖攻擊事件。

謝文儒參與過的重大疫情還包括：尼加拉瓜、獅子山、坦桑尼亞和依索匹亞等地的出血熱；讓台灣七十八名幼童遭到感染併發腦炎、肺水腫而死亡的腸病毒七一型；侵襲美國紐約的西尼羅腦炎；狂掃馬來西亞，來自果蝠身上的利百病毒；二〇〇三年從中國廣東、香港一路往外擴散，連台灣也受波及的SARS（嚴重急性呼吸道症候群）；席捲全球的H1N1流行性感冒；在中東國家流竄的呼吸道冠狀病毒；中國大陸的H7N9流感疫情等。

顯微鏡辦案

「我經常比喻自己的工作是顯微捕快，和美國聯邦調查局（FBI）的調查員差不多。只不過，」他接著說，「FBI探員是拿槍抓壞蛋，我則是透過顯微鏡對焦檢體，把會致人於死的病毒、細菌、黴菌及微生物，一個個揪出來。」

舉二〇〇四年，美國出現經由器官移植而傳染狂犬病的罕見病例來說，德州貝勒醫學院發現，短短一個星期內，有一名肝臟及兩名腎臟移植病患死於腦炎。因為時間太過密集，且三名死者又曾接受過器官移植手術，顯示內情不單純，貝勒醫學院把採集的檢體送到CDC，不久即檢驗出狂犬病才是致命主因。

元凶找到了，接下來的疑問是：狂犬病毒如何跑到那三名沒有地緣關係的器官移植者體內？謝文儒他們更想知道這個答案，於是一路往上追查，最後發現，先前一名同時捐出一枚肝臟及兩枚腎臟的患者，才是整起感染事件的源頭。

原來，那名器官捐贈者是二十歲左右的年輕黑人，既是毒癮者，也是藥頭，血液被驗出各種海洛因成分，腦部也有出血現象。經家屬同意捐出可用器官，院內又有急需器官移植活命的急重症患者，醫療團隊未做更完整的檢驗診斷，就摘下他的肝臟及腎臟，分別移植到三名患者身上，沒想到竟讓這些患者分別感染狂犬病毒而喪命。

再進一步追查才知道，那名年輕黑人生前曾向朋友透露，他家屋簷有很多蝙蝠飛進飛出，他曾不小心被蝙蝠咬傷。謝文儒他們推斷，蝙蝠體內可能帶有狂犬病毒，經由傷口傳給那名年輕黑人，再透過器官移植傳到三名無辜受贈者身上，害他們枉送寶貴生命。

追查病毒，步步驚險

謝文儒說，蝙蝠是很多人畜共通傳染病菌的中間宿主，狂犬病毒只是其一。事後追溯發現，那名年輕黑人住院期間，護理人員拿水給他喝時，他不是不喝，就是露出恐懼神情，且曾伴隨抽搐及不停流口水等典型狂犬病的臨床症狀，這些卻被醫護人員忽略了。

「要是醫護人員當時機靈點，就不會發生三名患者死於器官移植的憾事。」事隔多年，謝文儒每次提及這件事仍難免唏噓。

巧合的是，那年十二月，德國同樣發生一例器官移植感染狂犬病的個案，器官捐贈者來自印度，三個受贈者後來也都死了。

同年另一個病例也很特別，美國佛羅里達州驚傳一名狂牛症病患，是個九歲即隨家人從英國移民到美國的印裔女孩，二十二歲大學畢業那年發病，二十四歲死亡。接到通報後，謝文儒帶一位助理從亞特蘭大出發，開車前往七百五十公里遠的佛羅里達，當下解剖取得檢體，檢驗確認是狂牛症感染個案。

後續調查花了近一年，才完整拼湊出感染途徑，但再多努力都無法換回一

不論在法醫解剖室或千里迢迢飛到非洲，哪裡有疫情，哪裡就能看見謝文儒的身影。

個正值青春年華的生命。謝文儒感慨說，那個印裔女孩非常優秀，正打算繼續攻讀法律學位，如此美夢卻因童年的意外感染而破滅。

這些他親身參與的事件，都得像大海撈針般地拼湊出事發原因，找出元凶，「真的很像偵探。」謝文儒說來雲淡風輕，輕鬆寫意，好像沒什麼大不了，實際卻是步步驚險。

臨危授命前往獅子山共和國

讓他怎麼也忘不了的一次任務，場景在非洲西岸的獅子山共和國，它是全球第三大鑽石產地，鑽石及軍火走私相當猖獗，為了搶奪資源，一九九一至二〇〇二年間，曾爆發激烈的內戰，電影《血鑽石》就生動地描寫了那段悲慘歷史。

從八〇年代起，美國疾病管制局和獅子山共和國展開長期合作，並在當地設工作站，協助做好老鼠管制，以免以老鼠為宿主的沙狀病毒擴大蔓延。後來因戰禍不斷，工作站被迫在一九九五年撤除，公衛及防疫工作幾乎停擺，老鼠大量繁衍、四處流竄，一年後，果然爆發大規模的沙狀病毒流行疫情，引起全球關注，謝文儒臨危授命前往處理。

一九九七年三月，他選在政府軍與叛軍停火的短暫空檔，和同事攜帶三十幾箱行李，搭一架由兩位前蘇聯米格機飛行員開的小型飛機前往獅子山共和國，並在首都自由城找了一家旅館落腳。

戰火下的獅子山共和國殘破不堪，醫療設施嚴重不足，所謂醫院，只不過是帳蓬搭的臨時建物，非常簡陋。

謝文儒他們抵達時，已有來自英國的救難組織在那裡協助外科手術，他們則負責疫病控制，成天像天上飛的禿鷹，開著 TOYOTA 救護車到各村落尋找可疑病患，再送到臨時醫院治療。

雖說內戰短暫停火，卻沒人敢拍胸脯保證不會有事，搞得他們每天開車外出時，總是提心吊膽，除了要小心來自叛軍的狙擊外，還得隨時提防散落各處的地雷，否則稍有不慎，被炸斷一隻臂膀或一條腿，那就慘了。

謝文儒幽默地向學弟妹說，獅子山有很多鑽石礦，當年要是不小心撿到一顆亮晶晶的鑽石，就可以退休了。說完，連他自己也不好意思地笑了起來，「有時候，做做白日夢也不錯。」

身為專業的臨床解剖醫師，安頓妥當後，他隨即在當地找到一間病理解剖室，只不過那間六〇年代留下來的解剖室簡陋至極，勉強找到一個水龍頭，打開卻流不出任何一滴水，他只好拜託鄉民到河邊提水，好讓他們可以完成解剖工作。

雖已過了快二十年，謝文儒回想起當年的點點滴滴，還是覺得不可思議。水的問題解決了，並不代表後續可以順利進行。謝文儒說，當年那間解剖室沒有電力，他穿上從美國帶去的隔離衣，再戴上眼鏡，鏡片一下子就起霧了，還好那套正壓隔離衣有些許除霧功能，他就在手電筒照射的微弱光源下，花了五、六個小時，才完成一個解剖病例。

解剖後，如何保存採集到的標本更是門大學問。內戰期間，獅子山共和國缺水少電，冰箱派不上用場，謝文儒被迫從美國帶來一桶液態氮，但基於安全理由，非洲內陸的飛機不敢運送，只好改走陸路，過程艱辛曲折。

那次非洲行時間不長，卻是危機四伏，謝文儒住過的那家飯店，後來竟從五層樓變成兩層樓，幾乎被戰火夷平，不難想見那場內戰有多麼激烈。

他不禁感嘆，「其實病毒並不可怕，人才可怕。」

他舉二〇一四年九月底，美國德州達拉斯出現的第一例伊波拉感染為例，該名病患從非洲回到美國時，沒有說實話，才使得防疫單位錯失最佳時機，出現防疫缺口。

年少輕狂

一次又一次從臨床解剖及疫情調查中，找出導致疫病流行的真相，讓謝文儒樂在其中，但若不是高二的一次意外轉折，他恐怕也難以如願。

謝文儒考上建國中學後，迷上文學，國文、英文、地理及歷史等科，每次都可輕鬆考個九十幾分。高二分組時，導師看他的化學和數學成績不怎麼樣，就把他找去談話，「我看你還是唸文組比較好。」但他對生物超有興趣，決定忠於內心，向文組說再見，毅然投入醫學的懷抱。

僅管念的是醫學，謝文儒還是難捨對文學的熱愛，當時在校內刊物《北醫人報》當總編輯的同學找他寫專欄，他也認真寫了起來，每期都挑一本書的一個角色來寫，分別寫下〈小說中的醫師〉、〈卡謬中的主角〉、〈浩劫後的主角〉以及〈齊瓦哥醫師〉

“醫學並不是冷冰冰的一門學問，
只要以人為本，有了感情，就有溫度。”

謝文儒興趣多元，不僅平日愛看書，本身也受父親 —— 劍道名人謝德仁影響，擁有劍道四段資格，也在實習醫師晚會演奏樂曲。

等，寫得還滿起勁的。

大三那年，大家都被基礎醫學、解剖學等繁重課業壓得喘不過氣來，謝文儒卻推不掉另一個當《北醫青年》總編輯的同學盛情邀稿，在百忙中寫了一篇〈熱門音樂的解剖〉，結果那期《北醫青年》獲得全國大專院校刊物比賽冠軍，讓他風光了好一陣子。

「都是寫些風花雪月啦！沒什麼了不起的。」回首三十幾年前的年少輕狂，謝文儒臉上少了點銳氣，多了些寬容，笑得開懷而自在。

一切都值得

這些年來，雖然工作繁忙，他還是保有閱讀習慣，一路從紙本書看到電子書，並隨身攜帶一台iPad，將儲存在內的六百多本書分門別類，方便閱讀。他相當喜歡揉合歷史與武俠、上官鼎封筆四十六年後重出江湖的長篇巨著《王道劍》，也很喜歡卡謬充滿人文及哲學思辯的《瘟疫》。

他坦言，當年讀卡謬的《瘟疫》時，體會不到這位存在主義大師透過一場黑死病瘟疫，批判人類本能地對外來事物採取冷漠疏離的態度，直到他在

CDC工作，成天和各種未知疫病戰鬥後，才感同身受。

走過來時路，他認為醫學並不是冷冰冰的一門學問，只要以人為本，有了感情，就有溫度。

就拿他從事的病理研究來說，每天透過顯微鏡看切片，找尋致病的病原菌，雖得忍受日復一日、漫無止盡的孤寂，但只要揪出致病「兇手」，解救成千上萬遭未知疫情無情攻擊的無辜民眾，一切都值得了。

一輩子與病毒、細菌、黴菌及微生物等病原菌為伍，謝文儒這位「顯微鏡偵探」每次分享這些年的工作經驗時，總以卡謬《瘟疫》的篇章做結尾：「不再有所謂的個人命運，只有瘟疫和眾人共同情感所構成的集體命運。」（No longer were there individual destinies; only a collective destiny, made of plague and emotions shares by all.）

謝文儒半開玩笑說，知名武俠小說家古龍寫了一本暢銷的《天涯明月刀》，風靡港台，他則以數十年歲月，打造屬於自己的「天涯明月解剖刀」，也算對自己有個交代。

（採訪／林進修）

給年輕的你

年輕時，總天真地以為一旦進入醫學院，以後呈現在面前的，必定是一條康莊大道。畢業迄今，不知不覺已在醫學之途步履蹣跚地走了三十六年。這一路行來，才瞭解即使是大道，也得跋山涉水，披荊斬棘，才能達到當初立志行醫的目的，絕無一蹴而就的捷徑。

因為個人經驗比較「非典另類」，以下四個心得僅供年輕醫學後進參考，並非放諸四海皆準的經驗法則。

1 唯利是圖：在這裡的「利」指病人的福利和全民健康福利。畢業後，若走臨床路線，照顧病人時要以病人的福利為優先，視病如親，救人如己；若進入公共衛生體系，則應

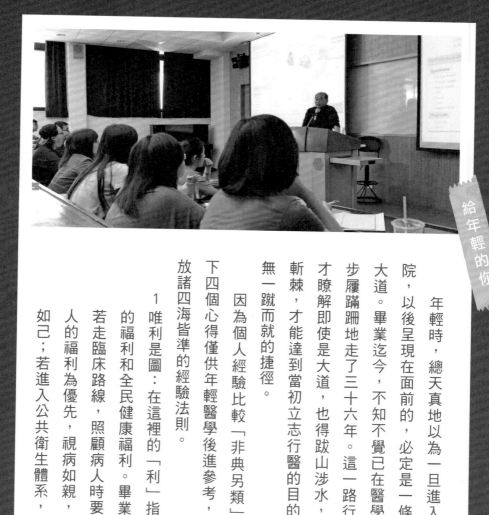

該以全民健康福利為目標。

2 隨心所欲：選擇未來行醫的路線，應該以自己的興趣為主，不要因為時下流行趨勢，而放棄自己的興趣。跟隨你的心，而非你的大腦（Follow your heart and not your brain）。

3 短線操作：這和炒股票無關。醫學院畢業以後，無論是臨床訓練過程，或進入研究所繼續攻讀，基本上，時間都在三到五年，因此短期計劃是需要的，但不必花太多心思去做十年或二十年的長期規劃，焦點應該放在目前該做的工作或學習。

4 離經背道：教科書上的知識，不見得完全正確，或未能及時更新，碰到疑難雜症，有時必須跳脫出經典想法，不要局限在傳統的框架內。所謂「學而不思則罔，思而不學則殆」，很多不明原因的重大疫情，結果都不是醫學教科書或文獻曾經報告過的病原所引起。

希望這些想法能給年輕後進們些許靈感，去創造自己的理想與未來。

謝文儒

ACTION

4

用100%熱情面對世界

灑下希望種子的醫生：蘇長妹

> 上天給了我為村民醫療服務的機會，
> 就像天上掉下食物一樣。
> 因此，蘇長妹用上帝賜予的食物「嗎哪」為診所命名。

「蘇醫師，請問妳的診所在哪裡？」

二○一四年十一月中旬，天氣微寒，一大早從台北開車出發，經過隨時可能崩塌的蘇花公路東澳段，沿著台九線一路南行，到達花蓮縣萬榮鄉時，已是下午兩點左右，卻怎麼都找不到嗎哪診所，向鄉公所櫃台志工求援才知道，「你們走過頭啦！嗎哪診所在西林村，而西林村又在萬榮鄉最北端，你們至少多走了五公里。」

仔細核對志工提供的北上明顯路標，這次總不會再走錯了吧！言猶在耳，才轉了幾個彎，路愈開愈小，最後竟迷失在一大片樹林中。到了這般田地，只好拿出手機向蘇醫師求援。

一陣折騰下來，終於抵達瑪哪診所，一家位於西林村街上，毫不起眼的小小診所。診所旁邊是一大片長滿雜草的空地，越過層層雜草，傳來壽豐溪上游知亞干溪的潺潺溪水聲，溪對岸則是雄偉高聳的中央山脈。

「哇！你們終於到了。」推門進去，只見一位穿著原住民服飾的中年女子親切地迎上前來。蘇長妹是太魯閣族旁支德路固（Truku）群的原住民，世居花蓮萬榮山區，她不時微微揚起如半月形的嘴角，加上一對充滿笑意的眼睛，完全一副熱情好客的模樣。

台灣版「阿信」

蘇長妹是獨生女，有三個哥哥及三個弟弟，但她並沒有因為這個身分而備受寵愛，生在務農的窮苦人家裡，每個人都得幹活，不管是上山砍柴、下田耕作或煮飯，她樣樣都得來，沒有特權。

她們家在山腳下有些旱地，一年四季輪流種花生、玉米、地瓜和稻子，蘇長妹五、六歲起就得下田幫忙，年紀再大一些，還要抽空回家煮飯，張羅一家人的飲食大事。

爸媽忙著在外工作，小她八歲的二弟沒人照顧，她每天早上得揹著他去學校，在教室內，邊站邊上課。

為什麼不坐下來好好上課？

「我也想啊！」蘇長妹說，揹弟弟站著上課很累人，但早年的課桌椅既窄又小，揹上弟弟後，根本坐不進去，只好放棄。

還好，她這個弟弟非常乖，她邊聽課，邊左右搖晃，通常沒多久，弟弟就舒服地睡著了，一覺到下課。

二弟年紀稍大後，蘇長妹並未卸下肩上的重擔，而是改揹小她十二歲的小弟去上學，任勞任怨到根本就是台灣版「阿信」。

為全家張羅晚餐

就讀萬榮鄉西林國小期間，蘇長妹一早就走路去上學，中午回家煮飯，下午再回學校上課。傍晚放學後，如果媽媽還沒回家，她得再下廚煮飯，張羅全家的晚餐，如此日復一日，年復一年。

早年沒有電鍋，也沒有瓦斯爐，煮飯、炒菜全都在燒柴火的大灶解決。她們家的大灶是長方形，上有兩個灶孔，前面較小的煮飯，後面大的用來炒菜、煮湯。蘇長妹小時候個頭並不高，根本搆不著鍋子，每次炒菜時，必須搬張凳子站上去，才能拿著大鍋鏟揮舞。

升上鳳林國中後，蘇長妹選擇通勤上下學，每天一大早，先走路到萬榮火車站，搭花東線火車到鳳林車站，再走路進學校，雖然時間拉長，但可以不必天天下廚煮飯，已讓她夠興奮的了。

考上花蓮女中後，她選擇住校，只有週末放假回家時，才要下田及做家事，更是輕鬆。

族裡第一個醫學院女孩

那些年，蘇長妹的爸爸發覺光從事農作，收入不多且不穩定，農暇之餘，經常上山獵捕山羌、水鹿和山豬等野味，賣給山產店貼補家用。

後來，孩子漸漸大了，出外就學的花費逐年攀升，她爸爸只好離鄉背井，上遠洋漁船工作，但這種工作不穩定，最後還是和她媽媽兩人一起到台北打拚，像遊牧民族般，在一個又一個建築工地遷徙，做些水泥、板模等粗重工作。

從小在山林裡奔跑的蘇長妹，在北醫求學時就是運動健將，後來回鄉執業的山居生活，也符合她熱愛大自然的個性。左上圖：蘇長妹與六五一班同學合照。

因生活困苦，蘇長妹的爸媽期望兒女能出人頭地，翻轉她們家的命運。所有孩子裡，二哥蘇連進最會唸書，爸媽對他的期望也最深，希望他能考上醫學院，為家族及部落爭光，但他沒能考上。不忍家人期望落空，他轉而鼓勵功課不錯的妹妹試試看，她也沒讓家人失望，一試就中，考上臺北醫學院醫學系。

蘇長妹和其他同學不同的是，她是山地原住民養成計畫的錄取生，屬公費性質，學費全免，每月還可領新台幣三千元生活津貼，但扣掉房租一千五百元，只剩一千五百元，生活費根本不夠，只好伸手跟爸媽要。

還好，她是族裡第一個考上醫學院的女孩，更是爸媽的驕傲，再窮再苦，他們都捨得掏錢出來，讓她能無後顧之憂地專心唸書。

「那時候的北醫真是荒涼啊！」民國六十五年，她考上北醫時，校園就一丁點大，裡面只有教學大樓、實驗大樓、解剖大樓、行政大樓和幾棟鐵皮屋，再加上一間大禮堂，怎麼看都不像所大學。

蘇長妹很快就適應北醫的生活，和同學打成一片。那時沒有卡拉OK，沒有MTV和KTV，當然更沒有夜店，下課後，她們一群女同學通常聚在租屋處聊天或玩橋牌，倒也其樂無比。

流著原住民血液，從小在山林裡奔跑的蘇長妹，全身上下充滿了運動細胞，除了參加網球社和乒乓球社社外，課餘時間經常在吳興街閒晃，有時心血來潮，就搭公車到西門町逛街或看電影。「看電影，很花錢的，」她笑著說，一年頂多看個一、兩部，算是慰勞自己。

畢業後，蘇長妹走婦產科，先到省立台北醫院實習，後來轉到台北市立忠孝醫院工作，一做就是二十年。

從婦產科到衛生所

選擇婦產科，主要是身為女性的同理心使然，蘇長妹相當同情婦女必須肩負傳宗接代這個重責大任，也能感受就診婦女的歡喜與哀愁，和她們站在同一邊。

她感慨說，自古以來，女性面對生育這等大事，就像危顫顫地走在鋼索上，「生得好，麻油香；生不好，一張板。」那種生死一線的感覺，讓人不得不低頭。

因為在產檯看了太多生離死別，蘇長妹總在夜闌人靜時捫心自問：「我的選擇是對的嗎？」

結果呢？「當然是錯的！」她長長嘆了一口氣，「我當初的選擇是錯的，所以才走得如此辛苦。」

徹底覺悟後，蘇長妹申請到新竹縣五峰鄉衛生所服務，一來可不再碰婦產科醫療業務，二來離新竹市的婆家比較近，有地緣優點。即便換了工作場所，她還是住在台北，每天開車通勤。

有沒有搞錯？從台北開車到新竹五峰，一趟路最少要一個多小時！

「我算過，從台北家裡到五峰鄉衛生所，一趟路九十九．八公里。」她每天早上七點出門，八點前打卡上班，一趟路不到一小時。

將近一百公里的路程，竟然不到一小時就到，其中還包括市區平面道路？「沒錯，就是不到一小時。」她豪氣十足地說，從市區道路接上二高後，她在合法速限下全速飆車，開久了，當然愈開愈順手，可趕在八點前上班。

在五峰鄉衛生所當了兩年多的一般科醫師後，蘇長妹有了倦鳥歸巢的想法，於是向衛生署詢問，

“

如果我休診，拉下鐵門，
病人看病很不方便，不好啦！
反正我天生勞碌命，假日又不常出門，
乾脆開門看診。

”

回花蓮萬榮鄉執業的可能。衛生署告知，萬榮鄉屬醫療資源相對缺乏的地區，若在當地開業，可獲五十萬元補助醫療儀器設備。

倦鳥歸巢

蘇長妹盤算一下，整個萬榮鄉，從最北端的西林村，到最南方的紅葉村，除了鄉公所不遠處的衛生所外，只有另一家診所，鄉民就醫相當不方便，當下她就決定回故鄉西林村開業，守護族人健康。

西林村散布在知亞干溪南岸，幅員廣大，約三百戶，兩千多人，都是德路固族人，蘇長妹幾乎個個都認識，看診時，大多用族語對談，親切感十足。除了族人外，住在附近的漢人也經常找她看病、拿藥。

一般醫療院所，每週都會停診一、兩天，好讓醫護工作人員休息，蘇長妹卻反其道而行，一個月才休一個星期天，其他日子全都看診。

難道不怕過勞嗎？蘇長妹直說不會，「如果我休診，拉下鐵門，病人看病很不方便，不好啦！」

她進一步解釋，離萬榮不遠的鳳林，一到假日，診所都休診，病人只好轉

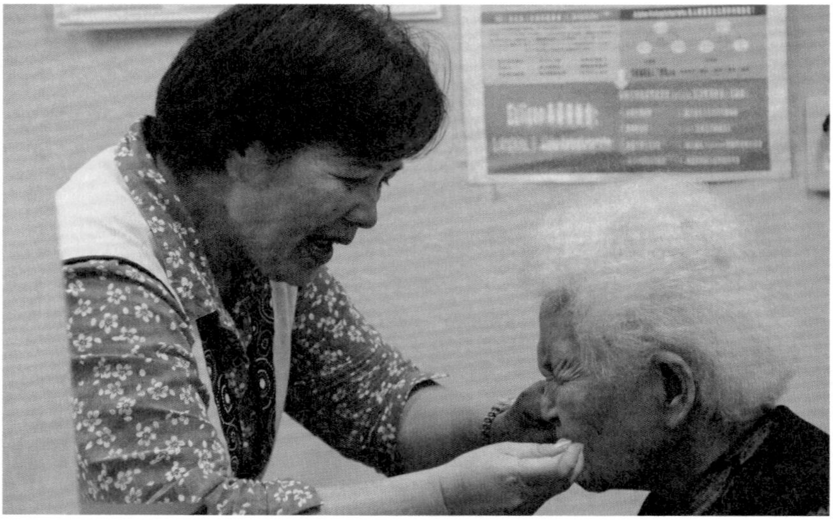

蘇長妹看診時會用病人熟悉的語言溝通，其他像一個月休一天、只要病患上門來者不拒的原則，皆是考慮到當地醫療不便。

到更遠的花蓮掛急診，真的很不方便。

更何況，西林村不遠處是新光兆豐休閒農場，假日人潮多，遊客若身體不適，也能就近到她的嗎哪診所，「反正我天生勞碌命，假日又不常出門，乾脆開門看診。」

剛回西林村開診所時，蘇長妹住花蓮，每天開車通勤，後來覺得花在路上的時間太長，不符經濟成本，乾脆搬回故鄉，住在診所樓上。少了舟車勞頓之苦，多了時間，她每天從早上七點半看到晚上八、九點才休診。

山居生活單純恬適，看診也很隨興，有時候看累了，趁空檔回老家陪陪年邁的老爸，或到溪畔山坡地，看看前些年種下的滿山遍野的牛樟樹。如果有病患上門，就在診所靜靜等著，反正有的是時間，不急。

來者不拒

萬榮鄉雖有台九線經過，交通還算便利，但人口外流嚴重，不少青壯年都到都會區討生活，留下的人，以老弱婦孺居多，而老人家通常有高血壓、糖尿病及高血脂等慢性疾病，定期就診檢查及拿藥，成為他們日常生活的一部分。

就診時，她和來自村裡的族人以族語溝通，嘻嘻哈哈的，完全沒有隔閡。如果是來自村外的阿美族人，則改以日語交談。「還好，我以前在北醫曾學過日文，一般對話還不成問題。」

蘇長妹滿有語言天分的，除了德路固族母語、國語及日語外，閩南語也講得很溜，客家話則會一點點，看診還難不倒她。至於英語，多年來，她強迫自己每週上四堂國外視訊課，溝通不成問題。

蘇長妹外科系出身，外傷縫合對她來講算是小兒科。儘管開的是一般診所，因是方圓十數公里內唯一的醫療院所，只要有病患上門，她幾乎來者不拒，全都悉心診治。

只不過，她還是有她的小小堅持，比如說，侵入性的醫療不做，生產也不接。蘇長妹解釋，她雖是婦產科專科醫師，但生產過程充滿變數，她的診所醫療設備不夠齊備，萬一產婦產程不順，需要緊急處理，恐怕難以勝任，因此完全不碰。一旦碰到準媽媽要生產，她通常會協助轉診到花蓮市區的婦產科或大型醫院，尋求更好的資源。

「這是為我好，也為產婦好。」蘇長妹說，順產倒好，萬一生產過程中，出現狀況，誰都擔待不起。

和爸媽的午餐約會

靜好的山居歲月，總讓人心嚮往之，但能真正忍住寂寥待下來的並不多。蘇長妹一住就十幾年，除了萬榮鄉是她成長的故鄉外，放心不下年邁老爸，更是讓她選擇留下的主因。

蘇爸爸高齡八十五，雖身子骨還算硬朗，畢竟有了年紀，總要人照料才行，但老人家有自己的想法，不想和子女一起住，多年來都和蘇媽媽兩人生活。蘇長妹不想掃他的興，只能抽空回老家探視，陪他吃飯聊天，或陪他上山下田，動動筋骨。

為了老爸，十一點半前後，看完早上的診次，如果沒其他更重要的事，蘇長妹就把診所的門關上，先到村子唯一的街上，向魚販挑條新鮮的魚，順道買把青菜帶回老家煮，搭配老爸已煮好的飯和湯，一家人就可吃得盡興。

“活到這把年紀，
還能天天和爸媽一起吃飯，
那可是天大的恩惠哪！”

「這是我和爸媽的午餐約會，」一說到這，蘇長妹臉上立即洋溢滿滿的幸福，「活到這把年紀，還能天天和爸媽一起吃飯，那可是天大的恩惠哪！」

「我不喜歡住台北。」雖然另一半和孩子都住在繁榮首都，她卻早已習慣了萬榮鄉緩慢的生活步調，久久才上台北一趟。「台北的天空灰濛濛的，哪能呼吸到像萬榮這裡這麼新鮮的空氣？」蘇長妹毫不掩飾對家鄉山水的熱愛。更何況，家鄉成群的老病患也讓她放心不下，就此決定長住下來。

因為太愛故鄉這片土地，她一有閒錢就在萬榮鄉買山坡地，種櫻花樹、黃金果和落羽松等林木，一來配合政府造林，二來幫自己找點事做，看診空檔時，騎機車到山坡地走走，整理枝葉，倒也其樂無窮。

快樂過每一天

前幾年，她出錢舉辦嗎哪盃籃球賽，分國小男生組、國小女生組、青年男子組和青年女子組，以村為單位，每年歲末年終，熱鬧開打。

蘇長妹認為，族裡年輕孩子個個充滿了熱情與活力，卻少了發揮的舞台，她每年花個十萬元，就能讓萬榮鄉六個村的孩子玩得盡興，何樂不為？

她說，根據聖經記載，耶穌基督帶領門徒走出埃及，在前往迦南地途中，食物吃完了，天空突然掉下嗎哪這種硬餅，讓大家飽餐一頓，度過難關。「上天給我智慧，也給了我為村民醫療服務的機會，就像天上掉下食物一樣。」也因此，她的診所以嗎哪為名，籃球賽也是。

這幾年辦下來，蘇長妹看到族裡年輕孩子找到了宣洩體力的管道，也重新找回學習動力，臉上少了暴戾之氣，多了歡笑，整個人脫胎換骨似的，變得完全不一樣。看著這奇蹟般的改變，讓她更堅信當初的決定沒有錯，為了孩子，也為了部落的榮光，再苦、再累，她都會一年年辦下去。

或許感染了部落孩子純真的快樂，這些年來，蘇長妹的心態也跟著年輕起來，怎麼看都不像年近六十的模樣。有幾次和外國醫事人員越洋視訊，當對方得知她的真正年紀時，都瞪大眼睛高喊：「不會吧！妳一定在唬我，」接下來，再自信滿滿地補上一句：「我看妳頂多四、五十歲。」

沒有什麼比聽到這種讚美更療癒的了，而蘇長妹也常把快樂心情寫在臉上，掛在嘴角，看診時，不時讚美眼前的歐巴桑、歐吉桑，逗他們開心。

「快樂，過一天；不快樂，也是過一天，」蘇長妹灑脫地說，既然都是過一天，當然就快快樂樂地過！

（採訪／林進修）

給年輕的你

離開北醫已數十寒暑，回首同學們已白髮斑斑，這些都是智慧歷練的結果，由衷感謝學校的栽培及提攜，這會兒又讓我受寵若驚被提及，真的受之有愧。我能進入北醫真的是僥倖，我並非聰明人，不過倒是很認真、很努力。政府的德政——醫護養成計畫，我慶幸受惠，而這個計畫也確實讓偏遠地區、原鄉部落得到很好的醫療照顧。

我會回鄉服務，套一句話門諾醫院薄柔纜老院長說的：「美國很近，花蓮很遠。」同時也感念父母的教養之恩，才毅然決然回來花蓮，因為這裡真的需要我，每當患者提及「有您在這裡真好」時，身心的疲憊辛勞立即消失，內心深感欣慰。

面對快速更新的科技，除了充實學識之外，遵守醫德倫理更是重要，對患者如同對待自己的父母、親屬一樣，醫病關係才會建立互信，患者也願意將自己的病痛交託給我們，相對的，也減少醫病之間的衝突，我想這是很重要的課題。

我期盼在求學中的你們要盡心盡力，學習自己所選擇的專業。

願神祝福大家平安幸福！

蘇長妹

ACTION

5

靈活運用跨領域知識

科學與佛學的交會傳奇：釋惠敏

知識是互相有關聯的，
不同的職務及背景並不衝突，
反而互為所用，更容易尋求解決之道。

身穿僧服，頭髮剃光，腳踩居士鞋，除了掛在臉上的眼鏡增添些許書卷氣息，釋惠敏就是個徹頭徹尾的出家人。但他同時也領有藥劑師執照、通過中醫檢定考試，並且是日本東京大學文學碩士、文學博士，現任法鼓文理學院校長。這樣精采的資歷讓人好奇，到底褐色僧服的背後，藏了什麼樣的故事？

釋惠敏本名郭敏芳，一九五四年出生於台南，家裡五個男孩中，他排名最長。說起來，他們家並沒有佛教淵源，釋惠敏從小愛讀書，對幼時生活的回憶，就是住在台灣鹼業安順廠員工宿舍，入夜後，只要好天氣，家家戶戶都不約而同拿出草蓆鋪在門前，聽長輩講故事；半夜，他會躲在蚊帳內，藉著夜燈看《三國演義》、《水滸傳》，等到年級較長，週末都浸淫在武俠小說的世界

中。後來半路出家，也與他對知識的熱愛與追求有關。

嚮往晴耕雨讀

他回憶，高中進入台南一中後，音樂課要考唱歌，他唱的歌是《悲秋》：「西風乍起黃葉飄，日夕疏林杪。花事匆匆，夢影迢迢，零落憑誰弔。鏡裡朱顏，愁邊白髮，光陰暗催人老；縱有千金，縱有千金，千金難買年少。」讀作者介紹，是精通繪畫、音樂、戲劇、書法、篆刻和詩詞的藝術家李叔同所做，後出家為僧，世人尊稱「弘一大師」。

他忍不住好奇：「一個藝術家怎麼會出家？」到書局找李叔同傳記《弘一大師傳》，卻只買到三部曲的中間那集，沒頭沒尾的，他看完也就擱下了。

高二分班選升學志願組別時，他因喜歡化學、生物，選了生醫農等科系為主的丙組。釋惠敏笑說，他的目標並不是醫學而是農學，理由很浪漫：他嚮往陶淵明晴耕雨讀的生活，「采菊東籬下，悠然見山。山氣日夕佳，飛鳥相與還」這樣的生活情趣。

過去大學聯考要先填志願，考後再按成績分發，釋惠敏選填的志願幾乎都是台灣大學、中興大學等農學院科系，無意中在排名表上看到藥學系，他心想，「松下問童子，言師採藥去」這樣的意境也不錯，就隨手填了幾個醫學院的藥學系，想不到最後分發，他考上了臺北醫學院藥學系。

當時是一九七一年，藥學系的成績比牙醫系高，僅次於醫學系，原本擔憂釋惠敏學農出路不好的家人高興得不得了，還問他要不要重考醫學系。釋惠敏說，當時流行《未央歌》等描述大學生活的小說，他腦海裡描繪出老師、學生一起探討各種人生哲理與抱負的大學生活，加上再經歷聯考實在是件苦差事，就不考慮重考，直接到北醫報到了。

披頭青年加入佛教社團

真正進入大學，他才發現學習內容與想像有落差，共同必修科目一樣有國文、英文、中國近代史、憲法、三民主義，就像高中課程的延伸，只是增加藥學專業科目，「大學授課內容，無法解決我自己對人生的疑惑。」釋惠敏說，生命的真相是什麼？人生的意義是什麼？這類人生大問題的探討與知識，在課堂上都接觸不到，讓他內心充滿迷惑與迷惘，「不知道如何找到鑰匙。」

釋惠敏授課時活潑有趣，也會關心學生身心狀況，適時引導他們，因此頗受學生歡迎。

或許因為如此，大一上課時，他總搶最後一排坐，等老師點完名，不是看自己的書，就是蹺課去圖書館、電影院。釋惠敏愛看電影，他懷念地說，當時會去敦化北路與南京東路口的青康戲院，或西門紅樓、公館東南亞戲院等較便宜的二輪電影院，一年下來，許多科目都在不及格邊緣低空飛過。

此時，他的形象也十分「性格」。高中時，透過電台接觸到西洋熱門音樂，上大學後，他迫不及待地蒐集了許多唱片，「到台北，第一件事就是到書局買書，第二件事就是去當時的中華商場，買了一台便宜唱機。」他尤其喜歡披頭四，頭髮也是「披頭」風格，穿著牛仔褲，有些吊兒郎當的。

這樣的年輕人，卻在大一即將結束時，加入北醫佛教社團「慧海社」，暑假還去參加為期三週的「佛學講座」。

釋惠敏說，第一次接觸慧海社是大一新生訓練時，學校安排各個社團向新生介紹。當時接觸佛學的人還不多，總以為信佛就是要出家，或認為佛教是一種迷信。可能考量到社會觀感，慧海社學長一上台就說：「我們不是宗教性社團，是討論東西方思想與哲學的。」學長從佛學思想的角度來介紹慧海社，他聽完後，沒有馬上加入，但有興趣聽慧海社主辦的演講。

大一尾聲，同班好友周水發當上慧海社社長，為了捧場，班上許多人都加入社團，他也「友情贊助」。一次下課，聽到周水發詢問同學要不要參加暑假佛學講座，他也興致勃勃地湊上前去報名。周水發問他：「想參加比較輕鬆的，還是比較辛苦的？」釋惠敏挑了比較辛苦的。他原本想像，比較辛苦的佛學講座，大概是像少林寺一般的生活，在深山裡砍柴、挑水，有各種嚴格訓練。

學佛機緣

決定報名後，周水發把完全不懂佛學的他請託給慧海社學長，帶他去拜訪當時將升上醫學系五年級的賴鵬舉。當他至賴鵬舉租屋處拜訪時，心裡忍不住想：「竟然也有這樣的大學生！」宿舍裡不只有供奉佛像的小佛堂，還有燃香香爐，香煙裊裊。

賴鵬舉打量他的披頭造型，知道他要參加較辛苦的佛學講座後，直接問他：「你可以參加幾天？」釋惠敏心想，對方大概以為自己可能耐不住，參加一、兩天就會溜走，「太小看我了，一定要參加到最後。」於是回答：「三個星期全程參加！」回去後，他立刻給家裡寫信，說明暑假不回家，要參加寺廟活動；母親接到信後，還緊張地回信追問他：是不是要出家了？

當時的釋惠敏，其實還未有出家念頭。他後來才知道，比較輕鬆的，是救國團辦的佛學夏令營；比較辛苦的，則是指台中蓮社主辦的「明倫大專佛學講座」，地點在台中。

釋惠敏回憶，到台中火車站後，跟著學長本以為要往深山裡走，沒想到愈走愈熱鬧，到了市區，他內心忍不住想：「佛教道場不是該遠離塵囂，像少林寺一樣嗎？」但「既來之，則安之」，他看學長們每天做早晚課，覺得新鮮，也跟著做。佛學講座是由老師講解「佛學十四講表」，第一次聆聽佛法，他竟隱隱感到熟悉，覺得很有道理。

發現想要的生活

另外一個學佛機緣，影響更深。釋惠敏寄住的慈明寺，有座小型圖書館，一進去就看得到《弘一大師傳》三冊全套，正是他高中時只看了斷卷的那套書。他利用課餘時間從頭看起，邊看邊想：「這樣的出家生活，好像才是我要的。」

釋惠敏小時候想當水手，嚮往自由自在、雲遊四海的生活，成家對他而言，似乎不是一件很重要的事，因此看到弘一大師出家，就覺得出家很好，沒有家累。他一口氣把《弘一大師傳》看完，明倫講座也愈聽愈有興趣，三週吃素、上課、打坐的生活，成為非常愉快的學習。

講座結束後，他寫信給同學：「那些書還有唱片，我都不要了，全部送給你。」同學問他：「你瘋了是不是？」釋慧敏說，他只是想專心學佛。回到台北後，他把剩下的書都捐出去，只留下佛書。

「無我」解答生死困惑

「學佛是我在北醫最大的收穫。」釋惠敏說，他過去一直對人生幾個根本問題感到迷惘，直至接觸佛教，開宗明義就講述人生的痛苦，直接觸及生命最脆弱的一面；青少年時期的困惑，終於有了方向。

他解釋，人往往不敢談生死，因為人生的苦來自無常；為無常所苦，是由於生物「以我為中心」的本能，希望好的東西能永遠保持，「我」永遠存在。但佛教講「三法印」，就是三個原則：無常、無我、不生不滅，進入寂滅、涅槃。這讓他相當震撼：「一般人追求不生不死、不生不滅，但既然無我，何來死？」

他說，許多人認為現世沒了還有天堂，肉體消失還有靈魂，但「無我」才能真正解決死亡、消亡的恐懼。人來自大自然，也回歸大自然，有如海水的波浪起落，「我在民國四十三年出生，是波浪湧起，也許活到七十六、七十七歲，如波浪落下，還是水，哪有消滅？」他說，人有生死是因為自己畫了界限，從「無我」的觀點來思考，「昨天的我在廁所裡，明天的我還在菜市場，」也許哪天也變成「你」。

「死亡最大的遺憾是不甘願：為什麼我死了，你們還活著？」釋惠敏說明，這是因為沒有把眾生看作一體，過去人類的老祖先是細菌，未來即使人類滅絕，還會有另一種生命活著，整個世界是一個生命體，而生命有如大海長流。

「無我」同時也能解決人與人的衝突、異文化等「自他關係」衍伸的課題，「有時因為過度保護自己，就會傷害到別人，甚至訴諸戰爭。」他認為，外交模式、人際溝通，都可以透過學習佛法尋求解答。

“一般人追求不死不生、不生不滅，但既然無我，何來死？”

與佛學講座密不可分

「大二以後，佛法好像把我過去學習的知識打通了。」釋惠敏找到追尋「生命」之謎的方向，人生定位清楚後，他的生活迎來一百八十度大轉變，開始像海綿般吸收知識。原本上課都搶著坐最後一排，升上二年級，他開始搶坐第一排，甚至要求自己，百分之百吸收老師授課內容，以「課後可以重複講述老師教的東西」為目標。

他回憶，大二是一生中生活最規律的一年，每天早起做早課，看看佛經後去上課，課餘時間預習或復習功課，晚間做完晚課就上床休息，「那時候一躺下去就睡著了，沒有什麼雜念，隔天早上起來，神清氣爽。」

此時，他的心比過去都平靜，對藥學等學校課程也開始極有興趣。用釋慧敏的話來說，不管是「世間法」或佛法，都可以歡喜學習。

此後，他的大學生活與佛學講座密不可分。北醫旁的松山寺，當時每週日都會舉辦大專佛學講座，由道安長老主辦、智諭法師主持。潛心學習之餘，他還擔任「學員長」，負責星期天中午十幾桌素菜。

一開始把午餐包給外燴，結果一天就把智諭法師募來的錢吃掉一半，釋惠敏決定自己煮。每逢星期六早上，他先與學長一起去市場買便宜的批發菜，回宿舍把浴缸刷乾淨，在裡面洗大量蔬菜。當時宿舍沒有廚房，於是他又買了兩個大鍋和木炭火爐放在陽台，把所有蔬菜丟進去煮大鍋羅漢菜。

釋惠敏說，當時星期六有第二外語課，他選修德文，大三至大四他當了三學期學員長，德文也被當了三次，最後一學期怕畢不了業，努力地讀，去老師家補考才通過。

從佛學到留學

北醫畢業後，他在當兵期間考過藥劑師國考，退伍後，到三峽西蓮淨苑借住，準備中醫師執照考試。釋惠敏表示，自己原本想等中年後再出家，卻在西蓮淨苑一次個人佛七活動中「想通」了。過去怕家人無法接受，沒有遵循父母期待而成「不孝」；但如果能把出家這條路走好，並不是不孝的事。佛七結束後，他告訴智諭法師說他想出家，但要先回家與家人溝通。

當時是一九七九年農曆春節，他回台南老家過年，大年初一，家人歡喜拜年，時機似乎不恰當，初二回娘家過節，也不太合適，一直等到初三、初四，他才向母親表達出家意願。家人一聽，趕緊問他是不是受了什麼委屈、遭遇什

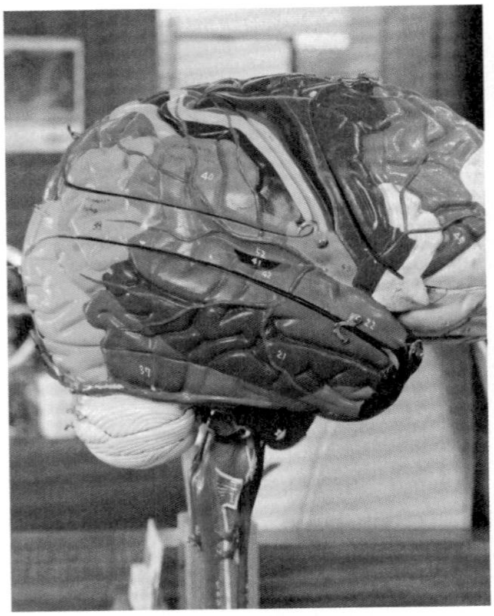

釋惠敏對知識的熱愛，使他成功融合不同領域的智慧，並且將科學用於佛學上，開創出新的研究領域。

麼打擊？他滔滔不絕向家人解釋出家的理由，看他們不能理解，情急之下，雙膝下地，跪求父母讓自己出家。父母看他心意堅定，一時沒再表示意見。

想不到年假結束時，家人在素菜館安排包廂替他餞行，席中忽然跪著求他別出家，他也下跪，雙方堅持不下。最後家人終於妥協，讓他「有條件」出家：一是對祖母保密，因為釋惠敏是長孫，擔心老人家無法接受；二是等大弟結婚後再出家。

釋惠敏同意了，回到台北等待出家時機。半年後，他看原本有穩定女友的大弟遲遲未有動靜，想著也許是家人的緩兵之計，決心出家的他寫信告訴母親，自己不能等了，於當年七月剃度出家。

出家後，釋惠敏思考未來的路，應趁年輕多充實自己，他決定以學業研究為主。為了看懂佛學典籍，他在空中教室自修日文、英文，「但當時沒有空中梵文教室，也沒有空中藏文、巴利文教室，」還是有很多看不懂的典籍。此時，文化大學中華學術院佛學研究所開辦，他徵得師父同意，報考佛研所，投入知識的追尋，並在佛研所三年級時，決定到日本進修，分別以最短修業年限，在六年內拿到東京大學印度哲學與佛學研究所的碩士、博士學位，研究梵文刊本《瑜珈師地論・聲聞地》中，修行禪定的理論與實踐議題。

釋惠敏在日本東京大學時期非常用功，除了利用零碎時間聽廣播、電視學日語，他也接觸各式課程，包括自然科學與社會科學，從哲學、語文學、德文、法文到腦神經科學等，他都不放過，「我當時想，來日本留學，除了讀佛學以外，應該多學一些相關知識。」日後在台北藝術大學擔任通識課講師，這些課程對他有極大幫助。

深受學生歡迎的老師

回國前，許多人熱心幫釋惠敏找工作，除了聖嚴法師發中華佛學研究所的聘書給他，他只聽過演講的台大哲學系恆清法師也熱心牽線，問他願不願意在當時的國立藝術學院（後改制為臺北藝術大學）擔任客座副教授，釋惠敏想都沒想，一口答應。他解釋，如果回到佛教界，那是大家都能做的事；到藝術大學任教，不僅讓他的舞台更多元，也能在佛門外灑下思想的種子。

直到二〇一四年滿六十歲，他才從臺北藝術大學退休，這中間他擔任過學務長、教務長、代理校長，開設「禪與靜坐」、「生命科學與藝術」、「牧心禪唱」等別開生面的通識課程，因為口才好，加上風趣幽默，經常與學生打成一片，是深受藝大學生歡迎的老師。

他笑說，上課時，總有三分之一的學生感興趣，三分之一游離，三分之一沒興趣，想辦法讓感興趣的持續、爭取中間選民、沒興趣的不要太排斥，是他的上課原則。擔任過學務長，加上佛學人文素養，他關心學生身心狀況，引導他們真誠面對作弊等錯誤，協助他們澄清基本價值觀。他的課，有學生一修再修，甚至還有北藝大畢業校友又跑回來上課，對他說「以前上課不知道好好珍惜」，出社會想起老師的諄諄教誨，才又認真回到課堂。

讓知識互為其用

除了北藝大教職，釋惠敏一九九二年回國後，陸續接任西蓮淨苑副住持及住持、中華佛研所與法鼓佛教學院的管理工作，可說是「三頭馬車」，奔走於淡

“如果說，上個世紀，科學探討人類基因圖譜，這個世紀就是大腦活動圖譜的世紀。”

水河的「兩岸三地」。

如今卸下北藝大教職，二〇一四年教育部正式通過只有佛教學系的「法鼓佛教學院」與擁有四個碩士學程的「法鼓人文社會學院」合併，成立「法鼓文理學院」，釋惠敏擔任首任校長。他以「博雅教育」為教育方針，希望推動讓人類社會永續的「心靈環保」，正積極投入學校建設。

從日本回國後二十多年，釋惠敏都未脫離多頭並行的管理職位。面對如此繁重的工作，許多人覺得他有「三頭六臂」才能完成，釋惠敏說，他只是遇到許多貴人，並把握學習「五原則」：

1. 自我管理：先管理好自己，才能管理好團隊。
2. 團隊合作：尊重、信任每個成員，並建立意見溝通與協作平台，領導者不居功、不卸責。
3. 適可而止：不要求每件事做到百分之百完美，也不專注單一形式的成功，彷彿「轉碟」的雜耍藝人，分析輕重緩急，完成一項就往下個項目進行，不執著於單一目標，也不要太有得失心。
4. 角色轉換：別讓不同的管理職務混淆，例如：在北藝大時，教職員生不會覺得他是佛教法師，只覺得他是老師或行政主管。

5. 時間管理：既然情勢上不能推辭這「三頭」工作，就盡量避免參加其他「非參加不可」的演講或活動。

「知識是互相有關聯的。」釋惠敏說，不同的職務及背景，其實並不衝突，反而互為所用，更容易發現問題，尋求解決之道。例如：在北藝大學到的行政知識，對於建置法鼓文理學院就極有幫助；而佛學中的領悟，也幫助他順利處理各式衝突、溝通議題，甚至成為北藝大「最會主持會議的老師」。

釋惠敏一生讀書、研究不輟，二〇一四年底接受採訪時，他提到自己一直對腦科學很有興趣，目前正持續投入腦科學研究，研究項目包括禪定時的腦部活動等。他的辦公室桌上，就擺著一個人類大腦模型，「如果說上個世紀科學探討人類基因圖譜，這個世紀就是大腦活動圖譜的世紀。」

他興致勃勃地表示，大腦影響教育、社會及人類對自他的理解，在人類社會進入電腦、資訊時代後，探究大腦運作更成為人類知識的挑戰。而他自三十八歲歸國至今，持續研究佛教中的「唯識學」，很大一部分就是在討論人的心智，如何訓練、理解，並產生智慧。

回顧過往六十載，釋惠敏對知識的熱愛，使他成功融合不同領域的智慧，不禁令人期待：佛教與科學的交會，在他腦內還會激起什麼樣的火花。

（採訪／陳幸萱）

給年輕的你

歡喜心包容冤仇、警覺心放捨愛著。

與「死亡」的恐怖度相比較，所有的怨敵、難事、惡物都算不了什麼。體悟無我，以歡喜心與怨家敵人相處，學習包容仇恨人、困難事、厭惡物，才有可能累積面對死亡（最可怕的怨敵）的本錢。

與「生命」的切身性相比較，所有的親友、樂事、好物都算不了什麼。體悟無常，以警覺心與親朋好友相處，學習放捨親密人、歡樂事、喜好物，才有可能鍛鍊布施生命（最難捨的擁有）的能耐。

釋惠敏

ACTION

6

盡全力，相信自己做得到

連日本人也敬佩的牙醫：廣內世英

如果說靈活正向的思考模式，
讓廣內世英對種種挑戰泰然處之，
積極打拚的精神，無疑是使他在日本受到敬重的底氣。

一個台灣人，如何在日本的醫學專門學校，成為第一個外國人校長？擁有日本牙醫師執照，在日本開設自己的牙醫診所，廣內世英是土生土長的台灣人，卻在日本春滿杏林，不僅作育英才無數，雙手也救治過無數日本病人。

廣內世英原名黃世英，雲林斗六人，從小在台北長大，是臺北醫學大學第十三屆校友。他的父親黃榮輝是早年台北赫赫有名的「松山黃眼科」院長，早年也曾赴日求學，父親的經歷與態度，影響廣內世英極深。

當時黃榮輝是市立長庚醫院眼科主任，早上六、七點到醫院工作，回家約莫下午六點鐘，草草吃頓飯，繼續看「松山黃眼科」的病人，每天都是「看完為止」，看診至半夜十二點是常有的事。從小看著父親工作的身影，廣內世英

學到了「打拚」的精神，讓他在異鄉脫穎而出，得以安身立命，掙得一席之地。

廣內世英經常工作超過十四小時，任職的學校五點下課，回到診所，六點開始看診，雖然診所表定開到九點，看診到半夜也是常有的事。「日本人有句話說：小孩都是看著父親的背影長大的。」長時間工作，難道不會累嗎？廣內世英理所當然地說：「我爸爸也都是整天在看診，我怎麼可以喊累？」

事必躬親

這回採訪廣內世英的場所，是深夜的「廣內齒科」。當天，廣內世英下午才從台北飛回日本，接著開業看診。由於參訪團在日本停留時間有限，配合彼此時間，他與我相約診所關門後的晚上十點，標準的「黃氏工作模式」。

“

日本人有句話說：
小孩都是看著父親的背影長大的。
我爸爸也都是整天在看診，我怎麼可以喊累？

”

即使奔波忙碌了一整天，他臉上絲毫不見疲態，瞇著眼的笑容極具感染力，一見面就感受到他的活力。進入廣內齒科診所，只見溫馨的家庭風格，兩排整齊的書刊正對門口，書櫃上緣是「受付」櫃台。

診療室布置簡單，三架診療椅，牆上掛著「靜室蘭香」書法及一幅小畫，門口則張貼醫院管理者廣內世英、兩位齒科醫師及一位齒科衛生士的名字。他一一介紹診所內的布置，最特別的是一間鋪有榻榻米的「員工休息室」。休息室內有小圓桌、冰箱、簡單的流理台可烹煮食物，還有一台洗衣機。廣內世英邊導覽邊說，雖然他父親是醫生，家裡請了佣人，從小被稱呼少爺長大，但他總是要求「自我訓練」，並沒有富貴習氣，事必躬親，掃廁所、吃路邊攤都是日常行事，「出來就靠自己。」

他笑說，自己是「勞碌命」，整天忙不停，除了日本的工作，還時常飛回台灣授課，訪談前，他才回到母校臺北醫學大學幫學弟妹上課。看他工作如此拚命，沒有員工敢在他面前喊累，他最晚曾看診至半夜三點，光是工作時數就讓員工「望塵莫及」。

至於事必躬親，則是為了增加自身體驗。他常鼓勵學生，只要不偷拐搶騙，不做有生命危險的壞事，嘗試什麼都可以。「嘗試過，才不會沉淪，」而且「才

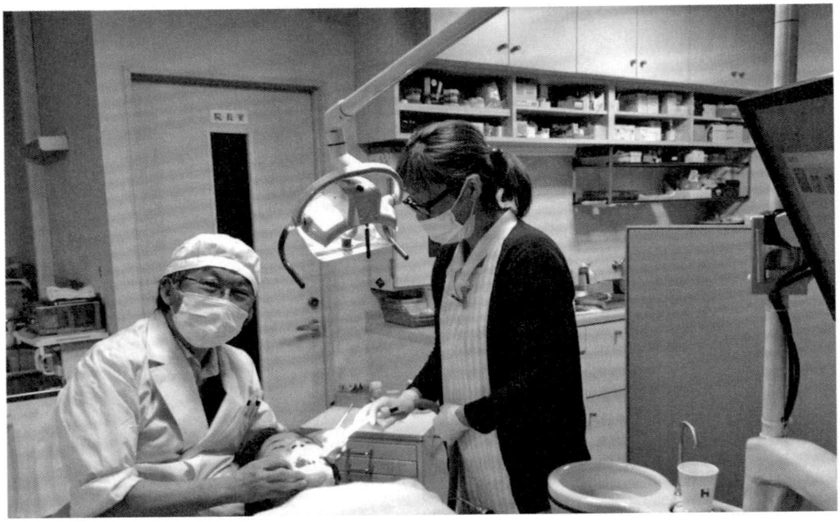

隨時站在病人的角度設想，讓廣內世英成為受日本人歡迎的牙醫。左上圖：廣內世英在日本推動老年「八〇二〇」運動。

能站在別人的立場想，你希望別人怎麼對你，這樣對他就好。」他表示，醫師也是一種服務業，這種態度不僅是做人的道理，在他的職涯中也扮演重要關鍵。

日本人也找他看牙

廣內世英在日本醫科學衛生福祉專門學校從講師、教務部長、學務部長、副校長做到校長，早年還同時在醫院看診。擔任學務長時期，他覺得兼差很麻煩，乾脆自己出來開業。

日本的牙醫師密度比台灣高，為了開業，他特地統計過，東京大山地區方圓一百公尺內就有十六家牙科診所。而在日本開牙科診所，若想加入齒科醫師公會，還得透過校友推薦，廣內世英在開業第一年就想加入，被同行朋友勸退：等診所「撐」過一年再說吧！結果廣內齒科在開業第二年，就創下東京板橋地區最高病人數。

他解釋，台灣醫師與日本醫師相比，對病人更為親切和藹，他自己則是隨時站在病人的角度設想；加上「技術也比別人好一點」，最後不只外國人，連日本人都來找他看牙。

至於為何選擇到日本發展，甚至落地生根，廣內世英說，首先也是受父親影響。父親留日，也有不少同學到歐美念書，鼓舞了他留學的念頭。當時歐美的種族歧視嚴重，「再怎麼出名，也很難進到他們的決策圈，看你是黃種人，也不會找你看病。」另一個理由很有趣：如果去美國，一百七十三公分的廣內世英難免顯得矮小，「如果到日本去，就變得高頭大馬，」他說，「同樣都是黃種人，我們能力也不比別人差啊！」他有自信，到日本可以發展得比較順利。

後來他的確在日本打拚出一番事業，也在日本成家，他的妻子是北醫樂幼社學妹，兩人相差八歲，妻子大學二年級時，廣內世英來到日本，待妻子大學畢業、考完國考隨即結婚，共同赴日生活，如今廣內世英的兩個兒子都長大成人，分別走上醫科、牙科的路，一家人就住在「廣內齒科」診所樓上。

異國職場求生存

廣內世英深信努力就會有收穫，前提是自己也要有能力。事實上，正是靠著努力、能力與超強適應力，他才能在日本成功，不僅來診病人數創下區域紀錄，還成為第一個擔任日本醫學專門學校校長的外國人。

一九八〇年，廣內世英服完兵役後來到日本，第一年就通過日本醫師執照國家考試，並進入東京醫科齒科大學攻讀博士，第二年開始教書，一九八五年拿到博士學位後，進入東京都立豐島醫院工作至一九八八年，之後「廣內齒科」開業，二〇〇五年，他當上日本醫科學衛生福祉專門學校校長，如今同時是學校法人村上學園學園長。

日本醫界重視「出身」，有學閥派系之分，醫生資格取得也不容易，一年約三千個醫學生畢業，國考錄取人數僅兩千人，合格率百分之六十幾。赴日第一年就通過日本醫師國考，是他付出努力的結果。

累積努力變成資產

儘管努力打拚，在異國職場求生存，還是有許多艱辛時刻。廣內世英在東京醫科齒科大學攻讀博士班時，曾遇過一位私立大學畢業的日本研究生，打從一開始就看他不順眼。怎麼辦？廣內世英說，大多時候就是「忍下來」，但必要時也得據理力爭。

一次，他在研究室接電話，雖然初到日本，日文很生澀，他還是照講不誤。掛掉電話後，這位日本研究生問他：「黃先生，你的語言能力怎麼那麼差？」他正色對日本研究生說：「日語對我來說是外國語，中文對你來說是外國語，不如我們來比英文，看誰說得比較好？」對方就不說話了。

廣內世英說，對方是東京醫科齒科大學畢業，使用日語二十六年，他才學頭一年，當然不能比了；但也沒必要因此喪志氣短，任何努力都會累積成資產。

他沒有去日語學校上課，日文全靠生活中自修。他隨身攜帶小字典，趁著在醫院幫老人打點滴時與他們閒聊，遇到不懂的就隨時翻字典查找，向病人請教。每天都用、不懂就問，讓他的日語進步極快。

看場合適應環境

他遇到的挑戰不只語言，乍到日本第二年，廣內世英被指導老師指派到高等看護學校教書。他說，那是一間新開的看護學校，聘請來自大學的講師，「老師只說了一句：你去教！」廣內世英「既來之，則安之」，就這樣上陣教書，想不到教了一年之後，竟然獲選學生心目中「最受歡迎教師」。

廣內世英說，他上課像在「變魔術」，別人對他的教學甚至有這樣的評語：

廣內世英多年來推動醫療教育不遺餘力，例如，促成奇美醫療財團法人教學中心與日本學術機構交流，也因為醫學教育貢獻，獲日本琦玉縣知事表揚。

「不知道在講什麼，但是最會教。」這種神奇的教學效果，來自他靈活的思路，以及對學生的瞭解。讀大學時，他參加北醫的服務性社團樂幼社，一度擔任社長，曾到澎湖、台西鄉、仁愛鄉等地服務，負責衛生教育。「對小學低年級、中年級、高年級的學生要講不同的話。」他舉例，向低年級的小朋友講「蛀牙」可能沒人懂，講嘴巴裡的「髒東西」才容易理解，中年級也許就可以用「細菌」說明。

「處在什麼樣的地方與場合，就要適應那個環境。」廣內世英說，教書需要不斷思考調整：「如果加減都還不會，要學乘除，就得從加減開始教，或今天東大生進來，你有辦法教嗎？」

好口才讓教學更有趣

他的口才極佳，教書時不唸課本，而是站在學生面前講課，首先能防止學生睡覺，再來是觀察學生反應，到底懂不懂現在上課的內容，「如果學生連一加一都不懂，教二加二做什麼？」

為了加強學生理解與記憶，他上課的內容都與生活緊緊相扣，例如：教解剖學時，講解酸、甜、苦、鹹四種不同味蕾在舌頭的分布，他引用日本人習慣用的警語「你的考慮太甜了」，表示經驗不夠、看事情太膚淺，以及人總有「先甘後苦」等惰性，說明分布在舌頭最前端的是甜味敏感區，「舌尖管甜，舌兩邊是酸、鹹，最後才是苦。」他也會要學生猜猜：味覺裡有「辣」嗎？辣味是怎麼來的？答案是辣不屬於味覺，而是刺激神經引起的感覺。

如此生動有趣的教學方式，難怪能抓住學生心思，第一年就成為最受歡迎的老師。

碰到牆壁，繞過去就好

日本學校法人平和學院的理事長山下瞬台，看到廣內世英的能力，同時身為其病人，對他相當信任，在他任職豐島醫院時，即聘請他擔任兼任講師。兩年後，學校擴大營運，理事長更是破格聘請他擔任學務長，管理校務。

回憶當初，他感嘆說，起先要管日本人當然管不動，雖然他日語進步許多，但很多細微之處還是表達不出來，有老師向校長抗議，他們不服竟是由其他黃種人來管，而且「講話又聽不懂」。

「我很感謝理事長，」廣內世英說，自己當時還未改名，受到其他老師非議，理事長二話不說，站出來宣告：「這個學校的教育，我聘請黃醫師全權負責，如果不服，就退出。」壓下教師們的不滿。廣內世英強調，即使如此，自己還是要有實力，而且必須將實力表現出來。最後在他的帶領下，該校學生的國家考試拿下全崎玉縣第一名，老師們自然就心服了。

廣內世英一路從教務部長、學務部長、副校長做到校長，一晃眼就是一、二十年過去，長年對醫學教育貢獻獲琦玉縣知事特別表揚。「不好過的時候一定有，」他說，此時多看看外面的世界，「一皮天下無難事，碰到牆壁怎麼辦？繞過去就好。」「皮」，其實是他面對困境時，自我調適的心訣，「如果每件事都放在心上，就不用想以後的事了，」他說，再多的計較、比較，都不如自己過得好重要，「別人質疑你，你不會因此比較難過，誇讚你，你也不會因為這樣就過得比較好。反正我就是皮皮！」附帶一個頑皮的笑。

如果說靈活正向的思考模式，讓廣內世英對種種挑戰泰然處之，積極打拚的精神，無疑是使他受到他人敬重，在日本職場站穩腳跟的底氣，「要跟外國人拚，也要跟自己比，反正就是往前看。」他從二十多年前就常對學生說：「盡力去做，你做得到。」（Do your best, you can sort it out.）他最討厭聽到別人一開始就說做不到，「全力拚下去，平常心接受結果。」

能做多少就做多少

除了開業收治病人、經營學校，他將空閒時間都投入教育，並在台灣大力推廣「齒科衛生士」制度。他笑稱，自己盡做一些「不賺錢的買賣」。除了星期一、星期二、星期五看診一整天，其他時間多是被教書、開會、演講填滿。他說這些算是興趣，能做的盡量做。教書津貼一小時只有一千元，回饋是「教學相長」，身為開業醫師，往往忙到沒時間讀書，但為了教學會逼自己讀書。

「齒科衛生士」（口腔衛生士）也是牙科醫學專業人士，負責預防、醫療輔助、牙科保健指導等工作。廣內士英說，美國、日本、韓國等國家都有口腔衛生士制度。「就像醫生會有對應的護理學、護理師，牙醫師也有對應的口腔學、口腔衛生士。」他表示，這是很好的制度，口腔衛生士可以做洗牙、塗氟預防蛀牙、

> 要跟外國人拚，也要跟自己比，
> 反正就是往前看，
> 盡力去做，你做得到。

牙齒溝隙封填等非侵入性治療，分擔牙醫師工作。

台灣過去並沒有相關訓練，許多診所會請「牙科助理」協助牙科治療及衛生教育，程度自然參差不齊，工作認同度也不高。

看到口腔衛生士制度在先進國家運行成效良好，廣內世英十多年前就試圖在台灣推動相關教育及制度，雖然目前台灣還未通過相關法律，不過在他的推動下，北醫大於二〇〇一年成立國內第一個「口腔衛生學系」，提供口腔衛生保健、預防牙醫學、社區牙醫學、牙醫醫務管理等相關課程，訓練口腔衛生士專業人才。其後幾年，國內幾間醫學大學也先後成立口腔衛生學系，坊間牙醫診所紛紛開出「口腔衛生士」職缺招募，成為口腔醫學的生力軍。

「我實力普通，學識普通，就是看怎麼應用而已。」瞇起眼露出招牌笑容，廣內世英輕描淡寫地說。只是這句話絕不簡單，除了天分，廣內世英靠著正向思考、靈活與拼勁，才得以立足異鄉，勝任醫科專校一校之長。

年屆六十，他對工作與生活的熱情不滅，儘管「鐵人」行程不斷，他仍臉色紅潤，講話中氣十足，並且幽默風趣。赴日已三十六年，問及未來規畫，廣內世英說，父親高齡八十八歲仍開業看診，自己「能做多少就做多少！」熱情正面的態度，將持續引領他的學生，溫暖病人與他人。

（採訪／陳幸萱）

廣內世英受父親黃榮輝（右）影響，以打拚的精神在日本醫界與學術界占一席之地。

給年輕的你

自負笈東瀛已邁入第三十六個年頭，在海外從求學、研究、取得博士學位、教育工作、創業、奉仕……一路走來如臨深淵，如履薄冰，經驗不少，感觸良多，願寫下幾句，供學弟妹們參考，共勉之！

有可能時，盡量嘗試去做，不要放棄機會！

在行動時，全心盡力去做，不要計較得失！

隨時抱著感恩的心情，謙虛的態度，年輕時，體力與時間就是本錢，失敗與成功都是人生中貴重的經驗，毋須太在意，成果自然隨著而來。

每年四月是日本學校的入學時期，在入學典禮校長致詞中，我都會對新生說：

不管環境如何變化，要抱著挑戰（Challenge）的心情，盡力（Do Your Best）的態度，最後你一定做得到（You can do it out）！

廣內世英

ACTION

7

珍惜每個把事情做好的機會

獨創膝關節手術的骨科奇才：王志堅

“你不救，病人就會死；但你救了，他就有可能活。”
王志堅強調，人生就這麼一回事。

是什麼樣的動力，讓他決定在新營這個人生地不熟的鄉下小鎮落腳？又是什麼樣的能量，可以讓一家小小的骨科專科醫院紅遍台灣南北？

信一骨科醫院是個傳奇。平均每星期開十五至二十檯膝關節或髖關節的刀，足足比台南及柳營兩家奇美醫院的總和還多，叫人不敢置信。

「在南部地區，我們確實有點名氣。」信一骨科院長王志堅笑著說，這些年來，靠著病患口耳相傳，他們還滿有名的，就連屏東外海的小琉球，以及孤懸台灣海峽一隅的澎湖諸島，都有一大群渡海來台找他看病開刀的病患。

而這一切，他認為全是無心插柳而來。王志堅是個「庄腳囝仔」，出生於高雄梓官，三歲後，舉家遷到屏東縣林邊鄉力力溪畔的小村落，國小畢業保送

高雄市前金國中，再從高雄中學考上臺北醫學院醫學系。從小在南部生活，習慣了「下港」的一切，直到他上台北唸書，才驚覺這個世界竟如此不同，「一樣講閩南語和國語，為什麼我講的，別人聽不懂？」

校內風雲人物

儘管如此，他很快就展現獨特的領袖特質，擔任學生活動中心總幹事時，曾邀請林懷民、郭小莊、李敖、沈君山、楊國樞等十位當代名人到校演講，在校園造成轟動，教學大樓二一〇一教室擠得滿滿的，可說盛況空前。

他笑說，在當年仍是戒嚴的時空背景下，北醫學生社團敢邀請像李敖這種「敏感人物」演講，要有相當大的勇氣，「說不定，後來各家電視台紛紛興起的名嘴開講節目，就是從我們那裡得到靈感的。」

就因風頭頗健，高雄美麗島事件爆發後，蔣經國有天找學生代表進總統府參加早餐會報，王志堅和趙少康等人就是學生代表之一。他至今仍印象深刻的是，蔣經國總統演講稿才唸到一半，就已淚流滿面，只好委由總統府祕書長馬紀壯代為宣讀。

醫學系課業相當重，王志堅經常唸書到三更半夜，但身為學生活動中心總幹事，有時得四處張羅經費，免得斷炊。他曾接過精神科教授文榮光的案子，找來四、五個同學，一起把《性醫學》這本原文教科書翻譯成中文，成為台灣第一本性醫學專書。而十萬元的翻譯費，他沒放進口袋，全都投入學生活動中心的經費裡，只是過沒多久就花光了。

畢業後，趁著入營服役前的短暫空檔，王志堅到嘉義基督教醫院當了三、四個月的非正式醫師，暫時填補人力空缺。退伍後，他選擇到台中榮民總醫院接受五年骨科住院醫師訓練，卻也足足打了四年半官司。

家裡醫院兩頭燒

提起那段不堪回首的往事，王志堅和羅世娜這對夫妻就有滿腹苦水。王志堅到台中榮總當第一年住院醫師（R1）的最後一個月，一位車禍昏迷病患被送進急診室，一邊瞳孔已經放大，檢查發現昏迷指數十三分，值班總醫師不想收留，決定轉院治療。沒想到，才短短半小時，病患昏迷指數就急速掉到只剩四分。

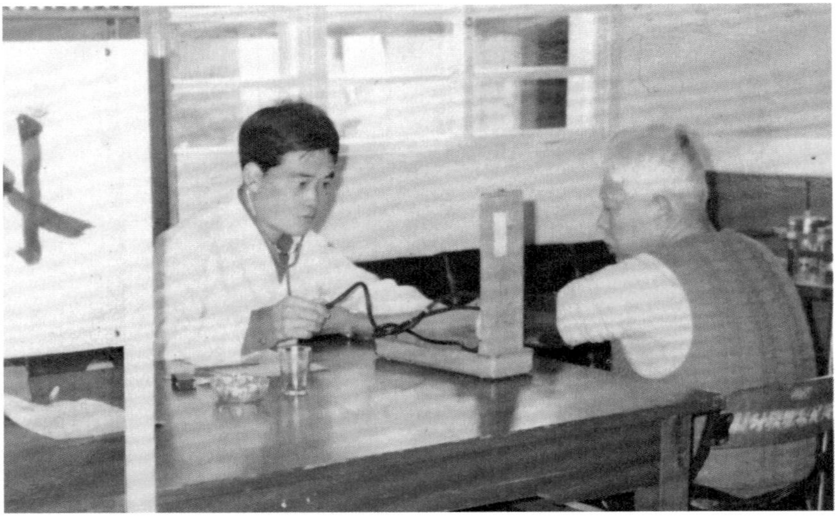

王志堅（上圖左三）就讀北醫時為校內風雲人物，很早就立下到偏鄉服務的志願。

情急下，他們打電話給幾家醫院，結果都滿床，幾經波折後，終於把那名病患轉到中部某家大型醫院收治，整個過程就像「邱小妹事件」翻版。

王志堅後來被告上法院，只因為他未即時為那名病患動刀就急著轉院，且轉診單上只見他的簽名，未見總醫師或主治醫師簽名，在法律上，他必須負起責任。

王志堅當時只是個小小的R1，剛好在急診室值班，根本沒能力動刀開顱部手術，將病患昏迷指數急轉直下的責任全推給他一人，未免太沉重。

為了前途著想，王志堅不願、也不敢把那天在急診室值班的主治醫師拉下水，只好獨自扛起所有責任。

「沒錯，主治醫師要養活他的家人，但我也挺著大肚子啊！你至少也要為我及孩子想一想吧！」羅世娜如今想起來，還是一臉哀怨。

那段日子裡，她挺著大肚子，而王志堅除了正常班，每隔一天要值一次夜班，且幾乎每個月都會接到法院傳票出庭應訊，兩人生活步調大亂，看得丈母娘非常生氣，對這個女婿相當不諒解。

不久後，羅世娜到台中榮總待產，產程並不順利，只好透過院內廣播系統呼叫王志堅到產房一趟。只見時間一分一秒過去，卻未見他的人影，羅世娜早已痛得死去活來，只好一再把產房護士找來，「妳一定要Call王志堅過來！」

過了一陣子，王志堅終於來了，羅世娜也生下兒子，結果他只聽兒子哇哇哭了兩聲，院內廣播又催他回開刀房。

「你給我走看看！不准回去！」羅世娜看他來去匆匆，才一下子又要離開，非常生氣。

「我知道，如果我說他可以回去，他真的會回開刀房。」但初為人母的羅世娜擔心，萬一剛呱呱落地的孩子有什麼問題，需要緊急處理的話，該怎麼辦？

還好，天公疼憨人，母子均安。後來檢察官主動調查那件案子，把當天在急診室值班的主治醫師一併起訴，還王志堅清白，而他在取得骨科專科醫師資格後，決定離開那個傷心地。

在新營自行開業

離開台中榮總後，王志堅轉到嘉義基督教醫院工作，是當時院內骨科唯一的主治醫師，但第一天門診只來了三個病人，他沮喪得打電話回家，「妳先不要整理行李，也許我們馬上就得走人。」

還好一個月後，他的門診量慢慢增加，有時上午診甚至看到下午一、兩點才結束，連回家吃午餐的時間也沒有。三個月後，他的手術排得滿滿的，終於站穩腳步，後來還當上骨科主任。

那陣子，衛生署長張博雅為了推動全民健保，鼓勵醫師到醫療資源匱乏的偏鄉離島服務，而王志堅想自行開業，於是積極尋找落腳地點，他看好台南的新營市和佳里鎮，另一半羅世娜則傾向在台南市開業，「原因很簡單，」羅世娜解釋，「台南市較繁華，人口較多，不用擔心病患來源。」

但王志堅還是傾向到新營開業，一來新營距離嘉義不遠，他在嘉義基督教醫院任職兩年半內，經常收治來自新營的病人，有基本病患群；二來他也為新營、柳營、鹽水、東山、白河及後壁等台南溪北地區的民眾叫屈，他們一有病痛，往往得到嘉義或台南就醫，相當辛苦。

「這麼簡單的病，為什麼不在新營就醫？」每次見到大老遠跑到嘉義基督教醫院就診的病患，他就忍不住罵了幾句，「難道新營的醫師都不見了？」

就在那時候，新營黃外科的院長有意退休到國外和子女享清福，打算把醫院頂讓出去，經人介紹後，王志堅和黃院長初次接觸，一拍即合，一天內就決定接下這家小型綜合醫院，改名為新興醫院。

萬萬沒想到的是，麻煩這才開始。原來黃院長認為他和另三位醫師都是外地人，難保不會被在地人欺負，於是介紹一個縣議員入股合夥，但因經營理念不同，利益常有糾葛，幾乎每年都為了分紅吵得不可開交。最後，王志堅選擇退出，重新出發。

救人第一

那一年，王志堅才四十一歲，退休還太早。重新收拾好心情後，他到美國待了一陣子，回國後，接連到一些鄉鎮的小醫院工作。一年後，他發覺這種流浪般的日子不能再繼續下去，否則這輩子就這麼沒了。

那該怎麼辦？如果要重新開業，又該選在哪裡？這次他學乖了，第一目標就是人多的台南市，反而羅世娜堅持應重回新營市，因為以前的人脈全在那裡，省事多了。

就這樣，二〇〇五年九月九日，六層樓獨棟的信一骨科醫院，在新營市民生路的嘉南大圳邊開幕，全院醫事人員只有王志堅和另一名麻醉科醫師，其餘就是二十幾個護理及行政人員。

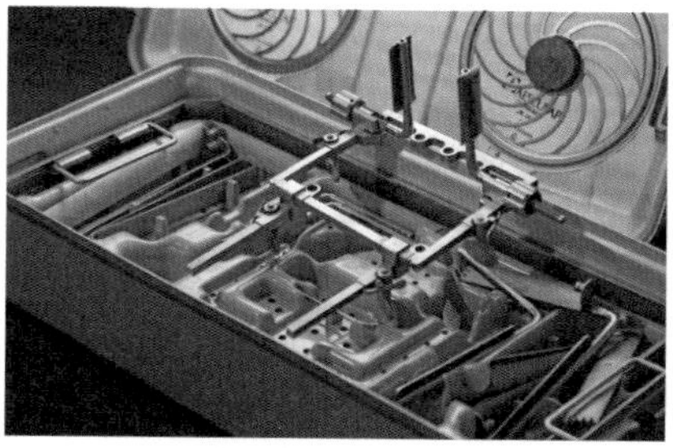

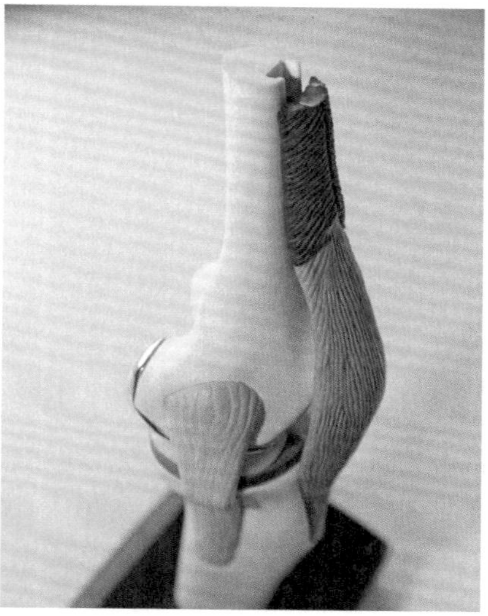

身為醫師，王志堅只想把病患照顧好，在哪裡任職、職位多高或能賺多少錢，他全不在乎。

雖是骨科專科醫院，開幕初期，王志堅並不畫地自限，除了上自肩頸、手肘、髖部，下至膝蓋、腳踝等所有關節手術，他全都動刀之外，他還動過腦出血、頸椎神經壓迫、腎臟癌、攝護腺肥大及疝氣等手術。他始終認為，醫療是救人志業，面對上門求診的病患，他都會盡力醫治。

曾有個二十五歲年輕女老師，手肘因車禍而粉碎性骨折，從其他醫院轉來時，已夜幕低垂，他的醫療團隊早就收工了。看了一眼，王志堅決定臨時加開一檯刀。

「她還年輕，如果不立即動刀，以後手肘會整個翻掉，還是要我來收拾殘局，」更何況，新營市方圓幾公里內，就屬他的骨科醫療技術最好，「我怎麼忍心讓她走，不為她開刀？」

另有一名車禍受傷的高中生，就近送到信一骨科時，昏迷指數只剩四分，一邊瞳孔也已放大，情況相當不樂觀，若要等家屬遠從高雄趕過來簽署手術同意書才動刀，恐怕就沒救了。

「開了，有事我負責。」王志堅當下決定動刀，三天後，這名高中生的昏迷指數升到九至十二分，並轉回高雄的醫學中心繼續治療，不久即痊癒出院。

他有感而發地說，如果每位醫師都有這種「救人第一」的想法，當年就不會有邱小妹事件，他在台中榮總那件官司也不會發生。

「你不救，病人就會死；但你救了，他就有可能活。」王志堅強調，人生就是這麼一回事。

獨門手術，名揚四方

有意思的是，幾年下來，除了少數幾例急重症外，他的病患幾乎都是有膝關節或髖關節病變的老人家。王志堅解釋，膝關節及髖關節是負重的下肢部位，只要年紀一大，多少會有磨損、發炎等問題，鄉下老人多，膝關節和髖關節不適的個案也多，當然看來看去都是這類病患。

另一個原因，就是他自行研發出一套關節手術技法，名為「全膝關節置換術」，可避免出現人工膝關節置換後，兩側不等高的「翹孤輪」情形，患者術後不會有膝蓋疼痛等不適症狀，預後相當好。

王志堅用這套手術技法，為一名患者置換兩側人工膝關節，休息兩週後，這名患者竟可在他面前表演踢正步。至於其他上了年紀的女性患者，開刀置換人工膝關節後，竟可以和日本女性一樣跪坐在榻榻米上，不禁讓人驚呼「太神

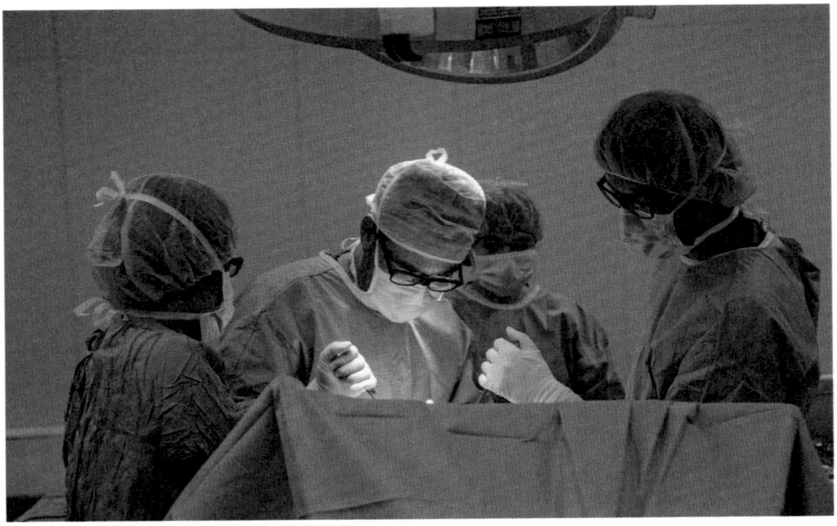

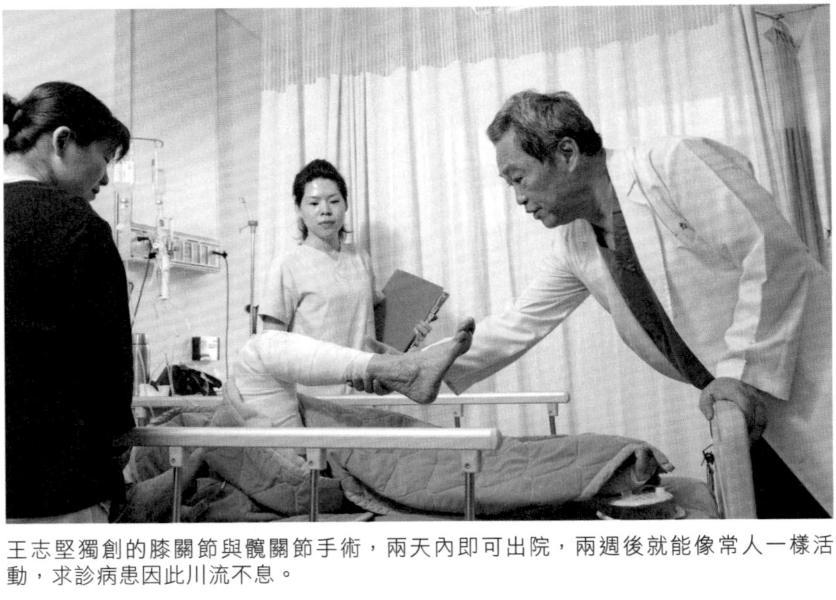

王志堅獨創的膝關節與髖關節手術，兩天內即可出院，兩週後就能像常人一樣活動，求診病患因此川流不息。

奇了」！

經過這些患者努力「放送」，王志堅的名氣一天高過一天，就診病患川流不息。有次，一名老病號看診時，不斷催促王志堅看快點，細問才知道他急著搭車到屏東東港，以便趕下午最後一班船回小琉球。後來王志堅統計，赫然發現，光是小琉球這個小地方，就有好幾十個他動過刀的病患。

正因如此，信一骨科有次員工年度旅遊時，選擇跨海到小琉球走走，順便邀請以前曾接受手術的病患到下楊民宿辦場「訪視會」，沒想到那天來了四十多名老病患，讓他們喜出望外。

王志堅笑著說，信一骨科雖開在台南新營這個鄉下地方，但在地病患並不算多，大多數病患來自四面八方，各縣市都有，甚至還有馬來西亞華僑專程搭機來台找他開刀。

傾聽病患的心聲

近九年來，王志堅深感驕傲的是，信一骨科從來沒有醫療糾紛，一來，他們不做廣告，病患大都是經人介紹而來，醫病關係不錯；二來，他從不做爭議性醫療，例如不介紹病人吃保健食品，也不幫他們打玻尿酸。

至於目前流行透過關節鏡到關節腔裡洗一洗，號稱可改善退化性關節炎的微創手術，他也不做。他清楚知道，這只是噱頭，真正療效不大，沒必要去賺這種錢。這些堅持讓他獲得廣大病患信賴，信一骨科也成了嘉南平原上的一個傳奇。

年近花甲，事業有成，兩個兒子也都走上習醫之路，王志堅和晚他兩屆的北醫藥學系學妹羅世娜已別無所求，一心一意想的，無非是如何提供患者最優質的醫療服務。羅世娜說，優質的醫療服務不僅是手術開得好而已，還要傾聽病患的心聲並加以回應。

她舉例說，曾有名來自小琉球的女病患，長得很胖，行動不是很方便，出院那天，拎著大包小包行李搭電梯下樓，當電梯抵達一樓，這名女病患拎起行李打算往外走，這時電梯門卻關了。就這樣，女病患和電梯門奮戰了好一陣子，電梯門開了又關，關了又開，就是出不了電梯，搞得既無奈又狼狽。羅世娜剛好從監視器看到這一幕，當下打電話通知一樓櫃台人員前去幫忙，那名女病患才順利脫困，出院返鄉。

那次事件後，羅世娜要求院內所有工作人員要有同理心，當有病患出院，一定要送他們上車。此外，她還設立單一窗口，每名病患都有專人負責，也有其手機號碼，一有任何問題都可獲得協助。

醫師的骨氣

「我們是全台灣最不像樣的醫院。」王志堅解釋，不管是開膝關節或髖關節手術的病人，他都嚴格規定，一定要可以獨自走超過一百公尺的路，才能出院，但因他的手術技法獨特，傷口小，疼痛感低，住院天數通常都可控制在兩天以內，星期一開刀的患者，星期三出院；星期四開刀的另一批患者，則在星期六出院。

他略帶驕傲地說，經他手術後的病人，大都可恢復到原來的正常模樣，幾乎不用拿枴杖，也不用再多住院一天。這種既省時、又替病患及健保省荷包的開

“一輩子走來，
我只有這個機會可以把事情做好，
當然會珍惜，好好把刀開好。”

刀方式，在當前醫界競相爭食健保大餅的環境下，可說是一股清流，沒想到竟引起衛生主管單位注意，質疑他們造假。

早年曾在衛生署服務的羅世娜氣不過，當下把所有病歷及住院資料全都攤開來，一一證明他們是誠實地經營這家醫院，才消除衛生主管單位的疑慮。

「一輩子走來，我只有這個機會可以把事情做好，當然會珍惜，好好把刀開好，哪可能造假？」王志堅自豪地說，像他這種「四年級」的人，氣質和價值觀都很單純，既然他當的是醫師，就只想把病人的健康照顧好，至於在哪裡任職、職位多高，或一輩子可賺多少錢，他全不在乎。

夏日午後，坐在窗外綠意盎然的診間，王志堅腰桿挺直，一臉笑意，從不後悔當年來到異鄉新營打拚的決定。有朝一日放下手術刀後，他也不打算把信一骨科交由兒子接手，反而想捐做公益志業。

「這裡可以是老人家的營養教室，也可以是社區圖書館，」王志堅說，很多老人家不懂得營養，也不曉得怎麼吃，晚年生活品質並不好，「有這麼一個現成的地方，帶老人家上菜市場、學營養、吃低鹽飲食，再好不過了。」

眼看時下年輕人，少了他們父母那一代的資源，對未來感到迷惘，甚至因此走上歧途，相當可惜。王志堅也想過，乾脆把信一骨科改成少年收容所，

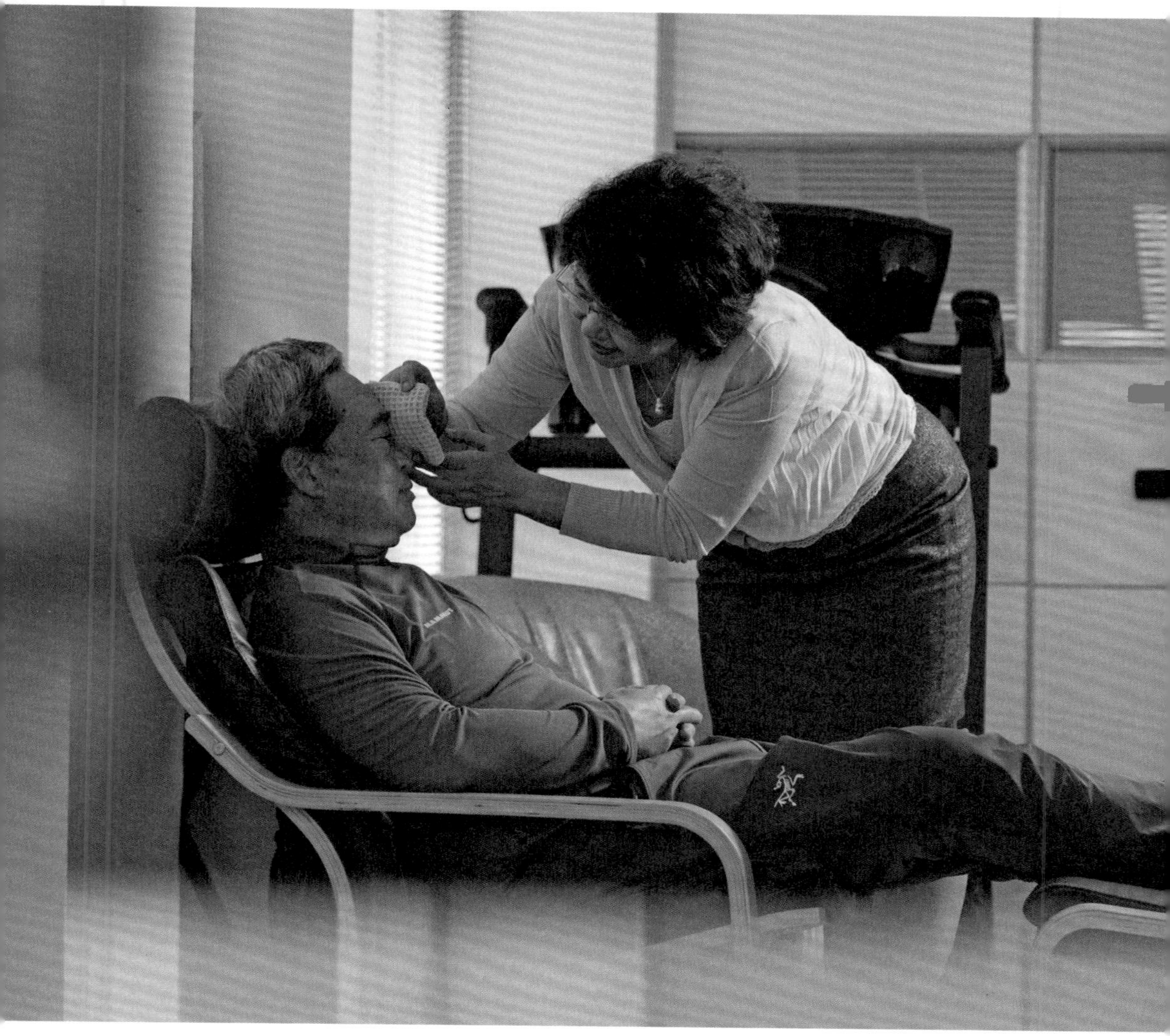

「給這些一時走偏的年輕人一些機會，好像也不錯。」

「他啊！就是這麼一個有社會責任感的人。」羅世娜雖有點抱怨，盈盈笑意中，淨是滿足。

（採訪／林進修）

給年輕的你

當兩個兒子相繼告訴我，他們決定選擇以醫師為業時，我一度陷入沉默，很難暢快地說好。想起這三十載的青春歲月，在病人的康復節拍中度過……我最後語重心長地對他們說：「醫師不是一種職業，而是一種生活。(to be a doctor is not a kind of career, it is a kind of life.)」醫師這個行業不像一般企業那樣可以去經營或計劃，你要考慮的，反而是這個工作必須與你的生活合拍，而且不會對此感到厭倦。

當醫師不要期待有任何豐功偉業或大成就，卻要懂得享受在每一個病人身上的小成就。

簡單地說，具有野心和大抱負者，無

法成為好醫師，否則很快到中年時，就有「我的才華不僅於此」的懊惱。

當醫師必須對生命科學有絕對熱誠，才能走完這一條路，否則熱誠很快會用盡，最後反被自我棄絕。

王志堅

ACTION

8

貼近他人的心

守護原住民健康的衛生所主任：莫那・瓦旦

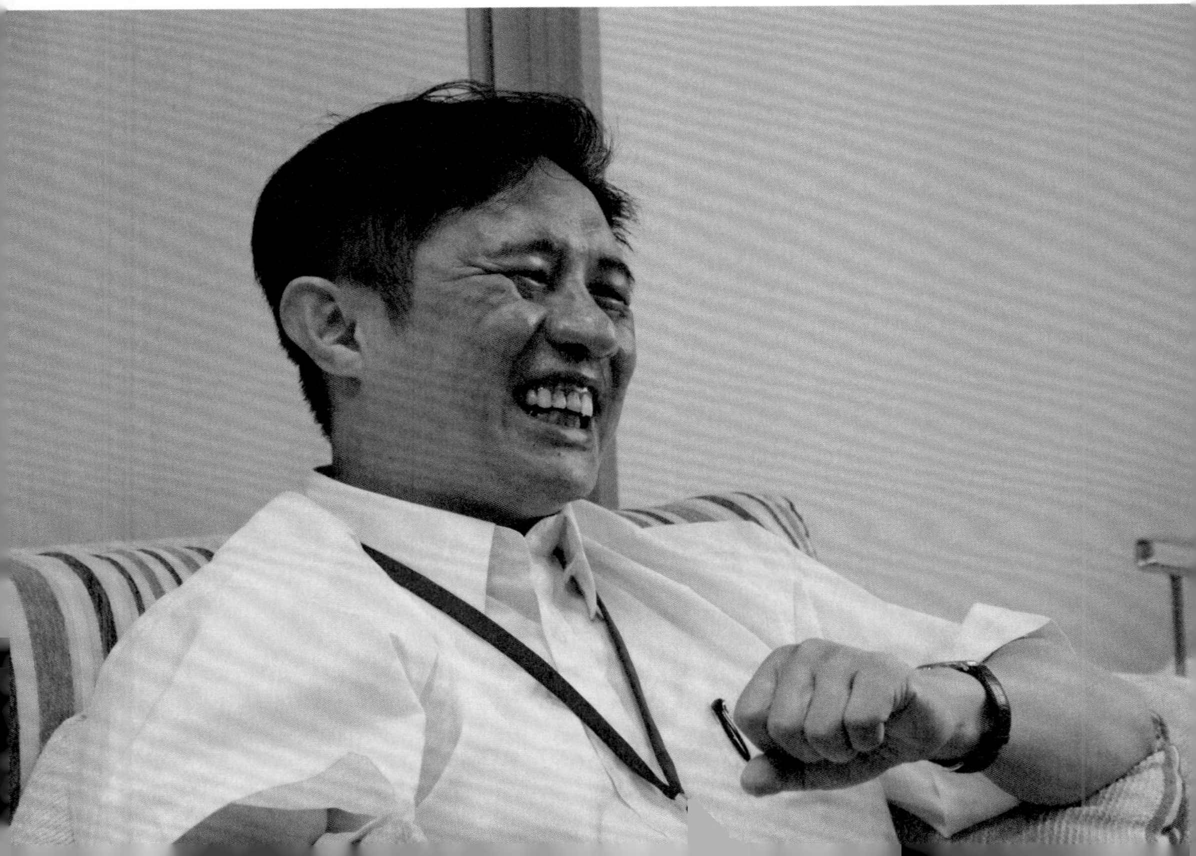

莫那・瓦旦在三十六歲那年向父親要來這個名字，「莫那」代表自己對南投仁愛鄉賽德克族的認同，「瓦旦」則是來自父親的名字。

「主任，讓我回家，我家裡有客人！」
「我馬上給你藥，你不要動！」
「主任，十號從美國加州回來的，可以打流感疫苗嗎？」
「過四天了？可以。」
「主任，病人說沒有吃預防中風的藥。」
「開給他好了。」

這是病人與花蓮縣吉安鄉衛生所主任莫那・瓦旦、衛生所人員的對話。吉安鄉人口八萬多人，其中有一萬多人是原住民。只見幾個原住民與莫那・瓦旦十分相熟的樣子，拿藥、看病像是走自家後院。從外表來看，莫那・瓦旦擁有

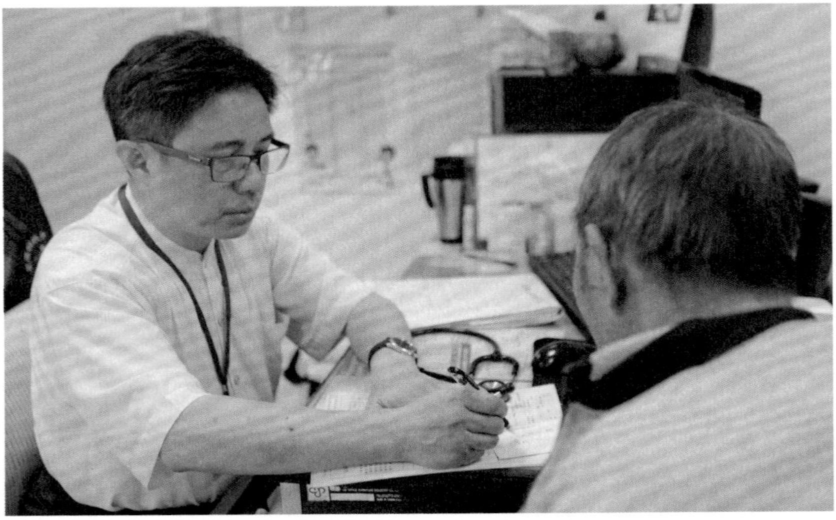

替病人設想、打破醫病的藩籬是莫那·瓦旦在東部行醫的準則，也讓他榮獲花蓮縣醫師公會頒發的優良醫師獎。

原住民深刻的輪廓，或許病人覺得他更親切，身體有什麼不適也願意對他說。

莫那・瓦旦的確擁有原住民血統，屬於南投縣仁愛鄉賽德克族一支。從實習醫師開始算起，五十多歲的他在原住民鄉已經服務超過二十年。從門諾醫院、秀林鄉衛生所、光復鄉衛生所到吉安鄉衛生所主任，莫那・瓦旦在中央山脈以東遊走，不只貢獻醫療所長，更從「人」出發，關懷同為原住民的同胞。

典型在夙昔

一個平常的下午，我們拜訪了吉安鄉衛生所，約定的時間是兩點半，抵達時，衛生所彷彿還沉浸在午休氣氛中，一問才知道，莫那・瓦旦與同仁進行家戶拜訪，施打流感疫苗，正在回程途中。

一見面，莫那・瓦旦客氣地倒茶、寒暄，走進他的辦公室，入眼就是象徵原住民「生命神聖起源」的陶壺。莫那・瓦旦原名孔吉文，生於嘉義市，就讀嘉義大同國小、輔仁中學，高中進入台南一中就讀，大學則考取臺北醫學大學醫學系。他的表達能力極佳，邏輯清楚、口齒清晰，甚至還主持過幾年電視節目。他笑稱自己「很漢化」，會講台語，賽德克母語還不及台語流利，「但我對原住民身分很認同，從未否認。」

聽到我要採訪他在原住民鄉的醫療服務，莫那・瓦旦連忙推辭，只因「比我好的醫師很多。」他曾擔任原住民電視台《醫事情懷》節目主持人，三季四十二集的節目中，採訪無數在地方默默耕耘的偏鄉醫師，此時他趕緊「搬」出許多位自己曾經採訪過，內心佩服敬重的醫師。

第一位是台東達仁鄉衛生所主任巴德雄醫師。巴德雄在山地服務二十多年，請假次數屈指可數，只因他對病人的責任心：「偏遠地區醫師對病人很重要，寧可一個下午等不到病人，也不要病人來，沒有醫師看。」巴德雄放不下病人盼望的眼神，「彷彿看到醫師，病就好了一半。」

而巴德雄獲得十大傑出青年獎的往事，讓莫那・瓦旦印象特別深刻。巴德雄受到台東縣前縣長陳建年的推薦參選傑青獎，最後在評選中脫穎而出，「理由不是完成什麼特別的大事，而是看到他處事嚴謹，兢兢業業又不張揚，沒想到可以在偏鄉堅持到今天。」當時的評審主委李國鼎親自頒獎給他，並對他說：「我太深刻了解一個基層醫師的重要。」巴德雄告訴莫那・瓦旦，「也許主委是要藉頒這個獎給我，鼓勵基層醫療；我在做的事，都是典型在夙昔。」

又例如高雄桃源區衛生所主任邱孟肇，也是莫那・瓦旦心目中的典範。高醫畢業的他是台大公衛所碩士，「自己開業，絕對能輕鬆過好日子，但他就是想到山地鄉服務。」莫那．瓦旦說，「這樣的故事很多，有太多有遠見的醫師。」儘管推辭，卻不難發現，莫那．瓦旦在東部原鄉蹲點二十年，對這些典範的嚮往多少也推了他一把。

族群的親近

「早年山地、離島想要有醫師下鄉，幾乎無望。」莫那．瓦旦說，早期衛生所醫師算是公務員，一個月薪水三萬元，遠比不上在醫院服務，或在熱鬧地段開業的醫師，願意投入的人極少。直到政府推出山地離島醫護人員養成計畫，培養偏鄉子弟成為醫療人員回鄉服務，並在民國七十三年以「醫療計畫網」增加衛生所醫師收入，翻新醫師形象，醫師們才慢慢願意來到偏鄉。

“

原來醫師可以做到這樣，
貼到別人的心可以貼這麼緊。
人與人之間，要的不也就是這塊嗎？

”

做為原鄉醫師，莫那・瓦旦說，他要求自己兩件事，一是「病人最難啟齒的地方，要替他想。」他說，很多疾病來自貧窮，現在原住民的醫療資源比過去充沛一些，但對許多原住民來說，醫療費用仍是沉重負擔，「我經常忘記病人在我面前不敢講沒錢。」莫那・瓦旦提到，醫師常把治療擺第一，經濟擺後頭，卻忘了病人可能因為貧窮而放棄治療。

他舉例，一次要病人轉診去高醫，只見對方唯唯諾諾，最後仍然沒去，才想起交通費加上醫療費可能要一、兩千元，對病人來說已難以負擔。

第二點自我要求則是「當醫師不可以只是一個醫師。」接觸許多原鄉醫師，讓他體悟，「原來醫師可以做到這樣，貼近別人的心可以貼這麼緊，」他提醒自己要跨出醫病之間的藩籬，「人與人之間，要的不也就是這塊嗎？」他以邱孟肇為例，雖然邱孟肇是漢人，為了親近部落老人家，特地學了幾句簡單的布農族語，會稱呼阿公、阿嬤「Baki」和「Paii」，會主動牽起他們的手，問有什麼可以幫忙的？對一輩子從沒到過都市的原住民來說，既親切又感動。

莫那・瓦旦認為這是「族群的親近」。事實上，「族群的親近」也是莫那・瓦旦待人接物時，溫暖的初心。他在花蓮門諾醫院實習時，曾看過社工師替一位年輕住院病人找家教，於是幾個住院醫師在每天下午五點多工作結束

從孔文吉到莫那・瓦旦，這條回歸的路歷經三十六年。上圖：二〇一四年在花蓮舉辦的太平洋區原住民醫師會議刊物，主題為「家人與伙伴」。

後，一起從宿舍走去病房教書，這樣的畫面令他一生難忘。

到了神的國度，要怎麼稱呼妳？

「原住民」身分，在求學、成長過程中，多少為他帶來一些壓力，但莫那・瓦旦認定自己的血統與族人，從不猶豫。而真正推他一把，使他動身追尋與母族更深刻的連結，卻是來自妻子巴奈・母路（林桂枝）的影響。巴奈・母路是東華大學教師，花蓮南勢阿美族人，與孔吉文一樣，自小只有漢人名字，在「回家」的路上並不輕鬆。

「我太太比我更堅持。」莫那・瓦旦說，太太在一次部落的田野調查中，遇到一位阿美族長老問她的名字，她回答了漢名，老人家不認同地說：「我要的是阿美族名字。」還問她，沒有原住民名字，到了神的國度要怎麼稱呼她？於是替林桂枝取名巴奈・母路。

太太帶著兩個孩子在二十多年前改名，莫那・瓦旦說，自己的態度比較隨和，原本以為一輩子都叫「孔吉文」了，大概是巴奈・母路堅定的尋根力量潛移默化，莫那・瓦旦在三十六歲那年，向父親要來這個名字，並決定在四十五歲時改名。

「以前鄉下人看到陌生孩子會這樣問：你是哪一庄的？爸爸是誰？」以地緣、血緣做為鄉族關係的定錨、身分的認同。莫那・瓦旦解釋自己的名字，「莫那」代表自己對南投仁愛鄉賽德克族的認同，「抗日英雄的名字莫那・魯道是個好名字。」瓦旦則是來自父親的名字。

第一個念研究所的原住民醫師

除了族群認同，真正堅定他投入原鄉醫療決心的，恐怕是實習階段在花蓮門諾醫院的經驗。他說，過去接觸族人，多半是回鄉作客、工作或爬山遇到，當初覺得應該要親近族人，所以選擇到門諾醫院實習；到了門諾醫院，雙眼所看、雙手所及，卻讓他無比震撼。

“我走出來了，
後面的人就知道
這不是沒有盡頭的路。”

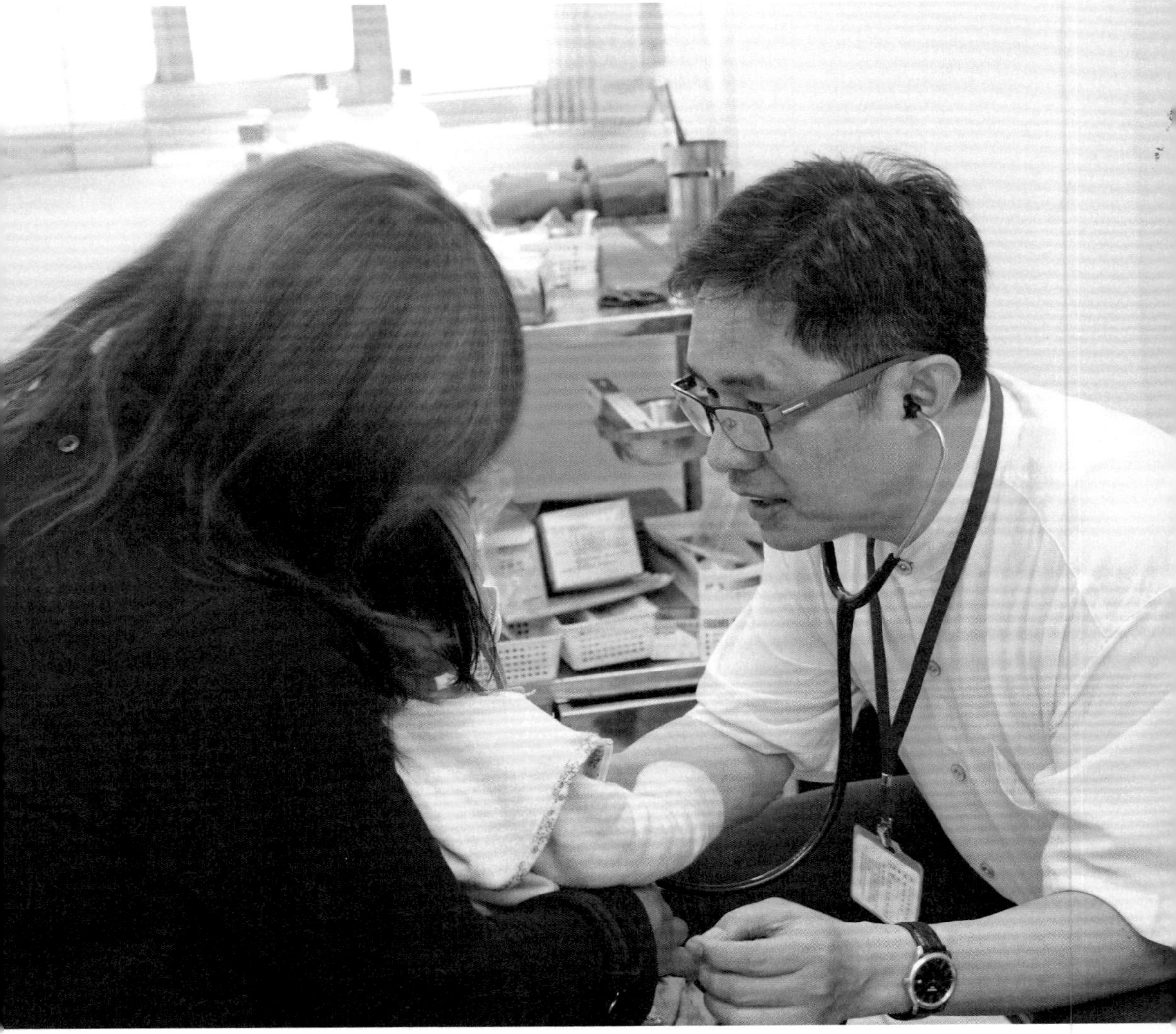

莫那．瓦旦在門諾醫院遇到許多鬧自殺的原住民病人，許多是因為染上肺結核而想不開。令他困惑的是，肺結核並非無藥可救，台灣的醫療水準早就可以治癒，怎麼會拖到病入膏肓？這些病人的肺結核嚴重程度，連醫院裡醫療用的彎盆都不夠用，「病人一吐就是一盆血。」最後他發現，儘管病人嘴硬，其實是沒有錢吃藥，才把小病拖成大病，甚至因此了結自己的生命。

這帶給他很深的感觸。莫那．瓦旦心想，未來若要到原鄉衛生所服務，恐怕必須有更高的視野，於是決定報考公共衛生研究所，希望能藉此爬梳原住民的醫療衛生問題。

由於莫那．瓦旦念大學時拿到「山地離島地區醫事人員養成計畫」補助，按規定，醫學系畢業後就得到偏鄉服務，他擔心政府不讓自己念研究所，「我只是認為應該多念兩年，並不是不願意服務，」因此同時申請台灣大學公衛所及陽明大學公衛所，打定主意證明自己有能力念，並非僥倖矇上。

他回憶，要去陽明口試時，台大已經錄取他，讓他相當掙扎：到底要不要去考？口試當天早上，細雨濛濛，天氣又冷，他從新店住處騎機車到陽明，「在每個路口我都想著：要不要回頭？但心裡都有聲音告訴自己：不行，我一定要去考。」到了陽明大學，面試教授問他：「吉文，你不在山上好好服務，幹嘛來念書呢？」他當下一愣，直覺回答：「這是我的夢，無論如何，我都要來。」結果他以第一名錄取陽明大學公衛所。

最後莫那・瓦旦選擇台大公衛所完成學位，成為第一個念研究所的原住民醫師。他說，當時原住民幾乎沒有人念研究所，「我走出來了，後面的人就知道這不是沒有盡頭的路。」

讓醫療資源更普及

畢業後，他先在花蓮秀林鄉衛生所服務七年，接著到光復鄉衛生所又待了七年，民國九十三年才來到吉安鄉衛生所。除了關懷病人，貢獻醫療專長，莫那・瓦旦還建立了吉安衛生所陣容堅強的醫療志工團，志工人數達到一百多位，「吉安的志工隊很有名。」民國九十六年，曾贏得衛生署頒發的志工獎第一名。他鼓勵志工投入醫療服務，讓醫療教育隨著志工深入街坊、家庭之中，變得更普及。

莫那・瓦旦深信，原住民的問題要靠教育與關懷解決，「如果原住民父母賺兩萬元，應留下兩千元，賺五百就留五十元，留十分之一給小孩，原住民小孩才有翻身機會。」長年在原鄉服務，他看到困擾原住民的健康因素多來自殺、意外事故、肝病、糖尿病及高血壓，深刻感受原住民在預防疾病上，花的時間太少。他說，早年只是對原住民文化有興趣，後來發現醫療資源並不普及，「儘管覺得自己沒有站在很明確的位置，但還是持續在推動一些事。」

除了主持節目，讓大眾更認識原住民醫師，他同時也參加無數國際原住民交流活動與研討會，發現在美國、澳洲、紐西蘭、加拿大等國，原住民都有其社會地位，「瞭解、比較國際狀況，才知道自己的位置。台灣很可怕，有很多事其實做得很好、很了不起，卻不知道自己可以站在哪個位置，」他不斷呼喚原住民同胞站起來關心自己，「希望同胞不要散散的，像一盤散沙，原住民經常面臨這個問題。」

莫那．瓦旦特別關心原住民的長期照護與自殺問題，不僅留在原鄉服務族人，親自到府巡視居民健康狀況，更將觀察與調查結果寫成研究發表，探討改善之道，「我期許自己在這個領域發揮創意，貢獻更多。」從孔吉文到莫那．瓦旦，一個都市原住民的回歸，如今成為地方有力的呼喚，在原住民族群中，撒下醫療的福澤與教育的種子。

（採訪／陳幸萱）

給年輕的你

我想藉著一位曾獲十大傑出青年的原住民醫師故事來互勉。畢業後，他回到故鄉行醫時，因深刻理解病人仰望醫師解除病痛的期待，所以十年來，他從不輕易休假，至今休假的日期屈指可數，他心中對自己的要求是，「寧可一整個下午，他在診所等不到病人沒有關係，卻不可以讓病人來到診所，找不到醫師。」

後來榮獲十大傑出青年的鼓勵時，也曾思索一個鄉下醫師如何能得此殊榮，可能是審核的主委李國鼎先生，想藉著頒發十傑，來肯定基層醫師在地方守護健康的重要性吧！

莫那．瓦旦

ACTION

9

就算被嘲笑，也要堅持到底

用藥學種文旦的果農：

盧茂

"外在美不算什麼，內在美才重要啦！"

他所謂的內在美，包括文旦結果不噴農藥的安全性，以及他家文旦不漂亮，卻愈放口感愈佳的特色。

知名大學藥學系畢業的高材生，不進藥廠發展，沒到醫院藥劑部門工作，也沒在熱鬧街市開藥局，反而回家種文旦，怎麼樣都有點難以想像。

二〇一四年秋末，我們在台南麻豆採訪了這麼一位與眾不同的文旦果農——盧茂。

初次見面，這位皮膚曬得黝黑的鄉下歐吉桑，熱情地向我們打招呼：「我是盧茂。走！我們先吃中飯去。」

果然有南部人的直爽豪邁。跟著他那輛已開了二十幾年、幾乎可進博物館典藏的老舊名牌轎車後面，在鄉間道路上，忽而左轉，忽而右轉地行駛了十幾分鐘，終於來到學甲區街上，「來，我們隨便吃吃，先填飽肚子再說。」

雖說隨便吃吃，卻是現切鵝肉、清燙蚵仔的豐盛大餐。

「你為什麼要走一條和別人不一樣的路？」美食當前，我忍住咕嚕叫個不停的腸胃，好奇問了一句。

「你真的想知道？」

「當然！」

「好吧，那就聽我慢慢說了。」

沒有操場的學校

盧茂是正港麻豆人，埤頭國小畢業後，考上曾文中學初中部，和前總統陳水扁、前台南市長許添財等人同窗，之後念台南二中，成績還算不錯，民國六十年大學聯考時，順利考上臺北醫學院藥學系。他摸摸頭笑著說，那時候，他像其他來自鄉下的孩子一樣，憨憨的，根本不知道藥學系是幹嘛的，反正拿起前一年聯考的錄取分數，從最高分的科系依序往下填，把志願卡填完了，再參加大學聯考。

考完後，他對了一下各科答案，算了算分數，認為可上中興大學農學院，滿符合自己個性的，不錯！沒想到，結果放榜卻上了北醫藥學系。

「老實說，唸藥學系不是我的興趣。」盧茂毫不掩飾地說，尤其當他從南部鄉下北上，第一次走進北醫校園時，更對這所小得不能再小的學校感到失望。

「那哪像一所學校？校園竟比我以前念的曾文中學及台南二中還要小。」望著沒有操場、沒有禮堂，附近山上只有墳墓堆的校園，他失望地直搖頭。

回憶起四十幾年前的往事，盧茂仍印象深刻。他說，北醫位在山腳下，附近沒什麼人家，校園一側是陸軍兵工廠，另一側則是一望無際的水稻田。搭台北市公車處聯營的三十七路公車，或大有巴士二號公車抵達北醫站，還得走過一條羊腸小徑，才能走進校門。

儘管失落感很大，但能離開台南麻豆鄉下，轉往台北這個熱鬧大都會念書、見見世面，他還是挺興奮的。更何況，北醫校風非常自由，上不上課，根本沒人管，更讓他像放出籠子的小鳥，無拘無束，振翅高飛。

他記得，當年北醫上課不點名，也不排固定座位。每當他們在教學大樓上一些「沒什麼路用」的課時，教授才轉身在黑板寫字，坐在教室後段的同學就趁機從後門一個個溜走，一下子就少了大半人。

不過，並不是每堂課都如此。北醫創辦人之一的徐千田教授上課時，教室

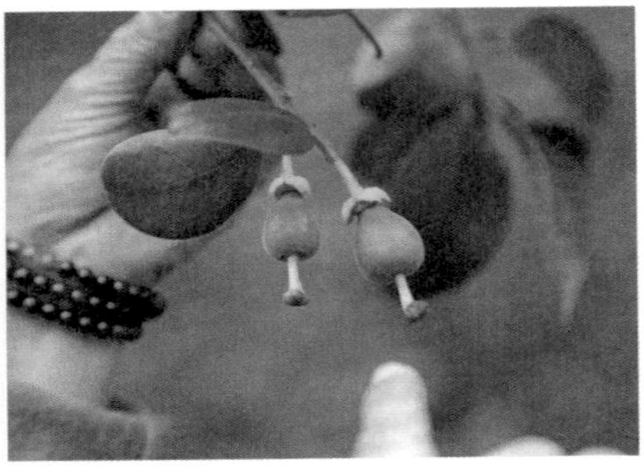

就坐滿了認真聽課的學生。

盧茂至今仍印象深刻的是，教藥品鑑定的徐型堅教授很溫和，卻用閩南語授課，遇到專有名詞再改成英文，一堂課下來，來自港澳的僑生常是「有聽沒有懂」，痛苦不堪。

在學風自由的環境下，求學得各憑本事。盧茂形容這種教育看的是結果，不是過程，只要考試考得過就行。他笑說自己沒什麼本事，別人考試作弊，他也跟進，成績普通，就這麼平淡的畢業了。

返鄉種文旦

踏出校園，盧茂入伍當了兩年兵。退伍後，同學們不是出國深造，就是到藥廠或大醫院工作，他卻不曉得該做什麼，想想家裡還有幾分地，乾脆回家種文旦算了。「其實，種文旦也沒什麼不好，」他很認真的說：「收益好，既能賺錢，又自由，有什麼不好的？」

麻豆是台灣最富盛名的文旦產地，但正港的老欉文旦，只限油車里一地，以買郎宅為發源地。

如果以買郎宅為中心畫同心圓，油車里算是蛋黃區，再往外擴到社內、總爺等地則是蛋白區。愈近中心區、愈是老欉的文旦就愈好吃，價格當然也高。

只不過，能稱得上是老欉的麻豆文旦相當少，「生吃都不夠了，哪來多的可以曬乾？」這些正宗老欉的麻豆文旦，農家大都留下來，或自家慢慢享用，或送給至親好友，真正流到市面上的，少之又少。盧茂不禁揶揄所謂的台北客，花大錢，吃的未必是正港老欉麻豆文旦。

他初略估算一下，麻豆文旦約占全台灣產量的十分之一，買郎宅文旦又只占麻豆文旦的十分之一，一分地每年可種出三、四千斤文旦，產量並不多，但真的很好吃，吃過的人都讚不絕口。

盧茂的文旦園，三分地，就在總爺糖廠不遠處，社內的外圍，算是蛋黃和蛋白的交界處，園裡七十幾棵文旦樹是他爸爸親手種的，至今有五、六十年，算得上老欉。

用有機肥料除蟲

民國六十六、七年間，決定返鄉接下父親的文旦園後，盧茂就想走一條不一樣的路，不用化學肥料，只下有機肥，生產不一樣的文旦，這在當年是相當前衛的做法。早在半世紀前，大量噴灑農藥是理所當然的事，有機農法連個影子都沒有。

拿定主意後，盧茂花了不少功夫去了解文旦的天敵，發現最大的天敵是腺蟲，只要腺蟲把文旦樹根全都啃光，那棵文旦樹就完了。

對付腺蟲的傳統方法，就是直接使用腺蟲藥，但這種化學農藥用久了，對土地、對文旦都不好，盧茂根本不考慮，改以蝦殼粉取代，這一改，白花花的銀子就不見了。

盧茂板起手指算了一下，三分地的文旦園如果使用腺蟲藥，一年大約三千元，改用蝦殼粉得花三萬元，差了整整十倍。其他人知道他這麼做，紛紛笑他「肖仔」，腦袋瓜「秀斗」了。

外界冷嘲熱諷不斷，盧茂卻不以為意，悶著頭堅持做他認為該做的事。他說，蝦殼粉含有幾丁質，灑在文旦園，土裡的益生菌會以幾丁質為養分，大量繁殖，再把腺蟲殺死。

這種用有機肥料的間接除蟲法，必須下重本，且成效較慢，大概只有盧茂這種瘋子才做得出來，但他卻引以為傲，且樂在其中。

除了殺腺蟲外，以蝦殼粉為基質的文旦樹長得又高又壯，葉子茂密呈墨綠色，一副生機蓬勃模樣；反觀採用傳統腺蟲藥殺蟲的文旦樹，葉子稀稀疏疏，呈淺綠色，光從外觀看就差多了。

更讓他津津樂道的是，一般文旦不耐久放，賞味期有限，他們家的文旦剛好相反，剛採收時並不好吃，靜置十天以上再吃才好吃，且放愈久風味愈佳，愈嚼愈回甘，後韻十足。

有內在美的文旦

種了一輩子文旦，盧茂幾乎把文旦的脾性摸得清清楚楚。以往通常從節氣進入白露前的十天開始採收文旦，這些年受到溫室效應及全球氣候暖化影響，提前到國曆八月二十日前後幾天採收，距應景的中秋節愈來愈遠。

“

我們吃的是文旦的果肉，
外形漂不漂亮，其實不重要，
好吃、安全及健康才重要。

”

文旦和一般水果不太一樣，如果不噴灑農藥，幾乎沒有收成。剛回家種文旦時，他仗著一股傲氣，就是不噴農藥，結果滿樹的花全都掉光光，看得他欲哭無淚。

有了那次慘痛教訓後，他彎下腰、畢恭畢敬地去請教一些種了一輩子文旦的老農夫，才知道他們一年至少要噴八到十次農藥。聽完後，他嚇呆了，「八到十次，天哪！會不會太多了？」

想了又想，他決定採取折衷方法，打對折，一年噴四到五次，而且選最不影響文旦食用安全的季節噴灑。例如未開花前先噴一次，算是清園，把土裡疥殼蟲、紅蜘蛛等害蟲殺死；文旦開花時節，噴第二次，確保這些文旦花能順利授粉結果。

到了四月，文旦開始結果，盧茂就不再噴藥，直到七、八月採收期。因長達三、四個月不噴農藥，文旦外皮難免被蟲蛀咬，看起來皺皺的、醜醜的，賣相不是很好，但他一點也不在意。「我們吃的是文旦的果肉，外形漂不漂亮，其實不重要，」他補了一句，「好吃、安全及健康才重要。」

文旦採收後，他通常會再噴一至兩次農藥以防治病蟲害。曾有人標榜文旦完全不噴農藥，盧茂直斥是「白賊」，他以種植文旦近四十年的經驗說，開花期若不噴一次農藥，文旦花不掉光光才怪！

從藥學系一頭栽進農耕業，盧茂有他的理想與堅持，也走出完全不一樣的人生路。雖有浪漫理想，有時也必須和現實妥協，不過在面對飲食安全這個議題時，他還是會以消費者的安全為最重要考量，這點可從他的文旦好吃、安全，但外觀並不起眼看出來。

「外在美不算什麼，內在美才重要啦！」他所謂的內在美，包括文旦結果不噴農藥的安全性，以及他家文旦不漂亮，卻愈放口感愈佳的特色。

因為這份堅持，他的文旦逐漸打出口碑，一般麻豆文旦每斤約六十元，他家的文旦可以賣到八、九十元，而且還供不應求。

這些成果，並非憑空而來，而是經歷過無數次失敗換來的。

不斷實驗改良

剛種文旦時，盧茂秉持在北醫藥學系做實驗的精神，把滿園文旦樹分實驗組及對照組，實驗組的文旦樹完全不噴灑農藥，其他劃為對照組的文旦樹則依時序噴灑農藥。結果實驗組文旦樹所開的花全部掉光，對照組則無，他的無農

老欉麻豆文旦
園主
盧茂
電話：(06)5 7 2 7 6 6 9
手機：0 9 3 2－4 6 8 9 2 7
台南市麻豆區民生路29巷1-4號

藥實驗初嘗敗績。

不信邪的他，隔年再試一次，還是以失敗收場，終讓他相信理想與務實之間，的確有相當大的距離。

第三年，他修改實驗內容，所有文旦樹都噴農藥，到開花結成幼果時即停止，這才找到折衷的成功之道，用最少量農藥，種出最美味的文旦。

接下來，他專心找尋最適合文旦的肥料。肥料一般區分為完全化學肥料及有機肥料兩大類，使用完全化學肥料成本低、成效快，且剛採收的文旦較好吃，優點不少，很受果農歡迎。

相較下，有機肥料成本較高、成效普通，且較費工，就不是那麼受歡迎。盧茂表示，有機肥料又分植物性有機肥料及動物性有機肥料兩種，前者有米糠、椰子粕、黃豆粕等，後者則以動物內臟為主，兩相比較，植物性有機肥料是他的最愛。

試了幾年後，盧茂選用台肥生機一號這種植物性有機肥料，成分包含芝麻粕、花生粕和紅豆粕，用得非常順手。他得意地說，二〇〇九年，莫拉克颱風狂襲南台灣造成八八水災，麻豆地區文旦園受創嚴重，不少文旦樹泡水後根部腐爛而倒下，俗稱「敗欉」，他的文旦園卻絲毫未損，每棵文旦樹都直挺挺地屹立園中，「一點都不誇張，這就是長期施用植物性有機肥料的成果。」盧茂解釋，植物性有機肥料可完全醱酵，讓文旦樹的根系變強，不易「敗欉」，才能長時間泡水後仍屹立不倒。

種文旦是門專業的學問

只要一說起文旦，盧茂整個人精神就來了。他強調，和玉米、蘆筍等必須大清早採收的作物不同，文旦一定要等露水乾了才能採，否則很容易爛掉，那就血本無歸了。這幾十年來，他都選在中午前後陽光正熱時下園採收，每年可採收一萬多斤。

天天與文旦為伍，盧茂堪稱是文旦達人，他眼中最優、最甜美的麻豆文旦，頭尖、屁股大、毛細孔小，拿在手上沉甸甸的，只要符合上述條件，一定多汁甜美，包你一口接一口地吃下去。

“種文旦是門很專業的學問，
更何況，每年收成一萬多斤，
收益至少百萬元，很好了。”

他認為，正港老欉的麻豆文旦，個頭都不大，一點也不起眼，但吃起來就是不一樣。他再三強調，這種產自買郎宅的文旦產量極少，物以稀為貴，有錢不一定買得到，要吃只能靠交情或碰運氣了。

大學唸的是藥學系，畢業後卻回鄉下老家種文旦，盧茂走了一條和同學完全不一樣的路。畢業四十幾年來，他幾乎沒和母校及同學接觸，處於失聯狀態，「我就是不想對外聯繫。」他說，偶爾上台北，也是靜靜地去，靜靜地回來，「三、四十年沒見面，就算見了面，也不見得認得出來，還是算了吧！」

直到年前，一位家住台南新營的同學打電話到麻豆戶政事務所，查到他的聯絡方式，並主動打電話給他，他才和母校及同學重新搭上線。

和其他已掌握上市上櫃生技藥廠大權，或在學術界發光發熱的同學相比，是否有矮人一截的失落感？

「不會啦！」盧茂微微揚起下巴，「種文旦是門很專業的學問，更何況，每年收成一萬多斤，收益至少百萬元，很好了。」

說完，他那黝黑的臉龐不禁泛起了笑意，在墨綠色和雪白色光影交織的文旦樹下看來，更顯拙樸。

（採訪／林進修）

ACTION

10

打造世界級特色

不一樣的 Hello Kitty 醫師：

蔡宗冀

蔡宗冀感嘆，比錢比醫療設備，
他們永遠比不過財團支撐的大型醫療體系，
但我們有的是溫度，以及溫馨的環境與感受。

走進「皓生醫院」這棟粉紅色、藍色和白色相間的城堡式建築物，眼光立即被滿屋子 Hello Kitty 貼圖和擺設給吸引住。

再往一樓大廳布告欄望去，全都是這些年來的媒體報導：

「全世界獨一無二，唯一 Hello Kitty 病房。」

「日本 Hello Kitty 設計師專屬設計——Hello Kitty 病房。」

「沒有藥水味的醫院，讓小朋友不再怕怕。」

「沒錯！我們是全球第一家、且是唯一一家取得日本三麗鷗（SANRIO）空間授權的醫療機構，」皓生醫院行政副院長張涵秀語帶驕傲地說。三麗鷗是一家日本公司，設計及生產 Hello Kitty 及其他卡通人物精品，Hello Kitty 凱蒂貓於

Kitty

一九七四年問世後，立即風靡全球，至今人氣不墜，仍擁有相當多粉絲。

「我是超級Hello Kitty迷。」張涵秀出生於花蓮望族，小時候第一件玩具就是Hello Kitty，她認真地告訴每位來訪者，「我是Hello Kitty陪著長大的。」

也因如此，當她和另一半、皓生醫院院長蔡宗冀打算回故鄉開婦產科診所時，就決定把Hello Kitty歡樂、喜悅和溫馨的感覺，帶給所有孕產婦，讓她們在愉快的氛圍下，接受產前檢查，進而生下健康活潑的小寶寶。

不過，這個夢想並非突然間從天上掉下來，而是經過不斷的交涉和溝通，才築夢成真。回想起前塵往事，蔡宗冀至今仍歷歷在目。

蔡宗冀是彰化縣大城鄉人，卻在員林鎮出生，後來隨擔任警員的父親搬到南投縣竹山鎮定居。對新鮮事總感到好奇的他，成績相當出色，從竹山國小到延

“婦產科迎接的是新生命，
讓所有小寶寶都贏在起跑點，
其實還滿有意義的。”

平國中，課業從未讓家人擔心過，接著跨區參加北聯，如願考上建國中學，三年後再上層樓，考上臺北醫學大學前身的臺北醫學院醫學系。

讓所有小寶寶都贏在起跑點

從寧波西街到吳興街，從建中到北醫，蔡宗冀都是在外賃居，一個人生活自由自在慣了，難免有些惰性，直到大一下學期，有天睡太晚了，趕不上期末考，導致普通英文被當掉後，他才驚覺事態嚴重，非得改變作息方式不可，否則恐怕畢不了業。

雖然心情沮喪透了，他還是打起精神，重新出發，大二開始，除了上課和吃飯外，他幾乎足不出戶，在租屋處苦練英文，絕不讓舊事重演。

他的方法很簡單，就是強迫自己讀原文教科書，微生物、普通化學及有機化學等科目，他全都直接買原文書來讀。如果原文書太貴，買不下手，就去圖書館借，再拿到台大附近的影印店影印、裝訂。至於同學間相當流行的共同筆記，他是完全不碰，免得壞了讀書計畫。他深信，讀原文書雖然辛苦些，卻可從字裡行間，讀出外國作者的真正用意，進而領會到學問的精髓，讀得透澈。

緊密的信任與互動，讓皓生醫院近百名員工就像個大家庭。上圖：院長蔡宗冀（左）、行政副院長張涵秀（右）及Hello Kitty慶祝皓生醫院十五週年慶；下圖：皓生醫院所有工作人員。

這份堅持，蔡宗冀始終沒有放棄，就算後來選擇婦產科為終生職志時，也是如此。和歐、美、日等國家一樣，台灣新生兒人數一年比一年少，婦產科幾已淪為醫療體系的「夕陽產業」，為何他還堅持走這條路？這問題顯然已被問了不少次，蔡宗冀答得挺快的，「婦產科迎接的是新生命，讓所有小寶寶都贏在起跑點，其實還滿有意義的。」

就在那幾年，台北榮民總醫院張昇平、曾啟瑞等率領的生殖醫療團隊，成功完成國內首例試管嬰兒，媒體報導不斷，相當風光，吸引他的注意。後來曾啟瑞轉換跑道到北醫服務，成了他的老師，更讓他堅信自己的選擇沒錯。

長庚醫院實習

走出校園，蔡宗冀先後在國泰、仁愛及忠孝等醫院見習，畢業後，再到林口長庚醫院實習，從第一年住院醫師（R1）做起。選擇長庚，主要是他家並不富裕，沒錢讓他出國深造，而長庚有送醫師出國進修的制度，因此成了他的唯一選擇。

升上R2那年，全民健保開辦，蔡宗冀面臨人生另一個轉捩點。全民健保收費不高，且提供相當便利的醫療服務，到大醫院就醫不再是高不可攀的事。林口長庚整體醫療水準不差，加上占得地利之便，健保開辦後，不少桃竹苗地區孕產婦紛紛湧入，把婦產科的醫護人員給忙翻了。

人手不夠怎麼辦？「還能怎麼辦？就R1當R2用，R2再當CR（總醫師）用啊！」蔡宗冀無奈地說，人力吃緊，他的出國進修美夢就此破碎。

他記得，當年林口長庚婦產科，每個月大約接生五、六百名新生兒，數量相當多，其中不少怕痛的產婦要求剖腹產，更讓他們疲於奔命，累到瀕臨爆肝。值班時，他和資深護理師只要一談到這個現象，就滿腹牢騷，不勝唏噓。

「自然產是最好的選擇，而不是剖腹產。」他認為，如果不按照適應症來接生，醫療倫理就會逐漸沉淪，終至不復存在。既然不願隨波逐流，他只有選擇離開一途，找尋屬於自己的戰場。

乍聽這消息，蔡爸爸嚇一大跳，勸他一動不如一靜，不妨學著適應林口長庚的醫療文化，為自己留些空間。但他心意已定，決定為所應為，毅然離開這家醫學中心。

林口長庚來去走一回，蔡宗冀並非全無所得，他認為光是病患開刀不用送紅包這件事，長庚就打破台灣醫界存在已久的陋習，成為各醫療院所爭相學習

的典範，值得在台灣醫療發展史記上一筆。

另一個收穫就是張涵秀，那時蔡宗冀在婦產科任職，張涵秀是麻醉專科護理師，兩人一見鍾情，民國八十七年攜手走上紅毯，隔年初，大兒子就來報到，年底又生了個兒子，完全展現婦產科醫師超高的「做人」效率。

青瞑牛不怕槍

多個家庭，當然有不同的人生規畫，他們這對年輕夫妻更堅定返鄉開業的決心。彰化大城鄉雖是故鄉，卻被蔡宗冀形容為「鳥不下蛋，狗不拉屎」的偏遠鄉下，人口少到難以支撐一家婦產科診所，反觀員林鎮熱鬧多了，人口有十幾萬，相當適合開業。巧的是，一位朋友在員林鬧區有間兩百坪大的超市正好空著，問他們想不想租下來開診所。蔡宗冀和張涵秀心想，既然有現成的建物，且又在熱鬧街市，只要稍加整修就行，一口答應，皓生婦產科診所就在民國八十九年十一月風光開幕。

回想起這段往事，蔡宗冀直說自己是「青瞑牛不怕槍」，根本不懂得怕。那時候，員林鎮提供接生服務的醫院和診所共有十一家，密度高得嚇人。張涵秀形容當時的員林，簡直是醫療業的「殺戮戰場」，全台灣第一檯立體超音波就落腳在員林，彼此之間的競爭，甚至還超過有「超級戰區」之稱的中壢市，不難想見其慘烈程度。

蔡宗冀至今仍清楚記得，曾有在地醫界同業以充滿不屑的語氣揶揄他，員林不缺婦產科診所，「我就看你們兩個年輕人能撐到哪時候？」

結果呢？「十幾年下來，員林提供接生服務的醫療院所只剩三家，我們就是其中之一。」蔡宗冀淡淡地說。

全院上下像一家人

因為嚥不下那口氣，自開業那天起，蔡宗冀努力打拚，不好照顧或其他醫療院所不想看的病患，只要不是未滿三十四週的早產兒，或合併有妊娠高血壓、妊娠糖尿病及氣喘等內科疾病的高危險孕婦，他都來者不拒，細心收治。

他始終堅持一個原則，病患來的時候，一定要讓她們知道生了什麼病，經過仔細診治後，再健康地送她們走出診所大門，「這是我的自信！」蔡宗冀相信，只要努力付出，一定會成功。

皓生醫院的布置充滿濃濃的Hello Kitty風，就連看診的診間也有Baby Kitty圖樣。

這種高標準的醫療品質，不能只靠他一人，要所有護理人員及工作人員全力配合才行。從開業那天起，蔡宗冀在張涵秀協助下，花不少時間和精力培訓院內的護理人員，而且訓練得非常扎實。

「護理師訓練得好，病患的健康和安全才能獲得保障，」笑了笑，他又補了一句：「我這個當醫師的，也可以輕鬆一點。」

民國八十九年剛回員林開業時，蔡宗冀和張涵秀兩人從零開始，護理人員一個個招募進來，報到上班時，有的還是才從學校出來、看到血會緊張的小女生，如今已被鍛鍊成可獨當一面的資深護理師。

如此緊密的信任與互動，讓皓生從婦產科診所擴大規模為婦產專科醫院的十幾年來，近百名工作人員就像個大家庭，向心力十足。張涵秀說，一般醫療院所舉辦旺年會時，都會邀請當地政治人物增添光采，他們卻不來這一套，反而要員工把家人請來同樂，每人再拿個紅包開開心心回家去。

就因全院上下像一家人，皓生婦產科診所業績蒸蒸日上，診療空間逐漸不足。返鄉開業六年後，蔡宗冀在員林鎮公所對面標到一塊三百多坪的土地，準備重新打造一家全新的醫院。當年中部地區很多婦產科醫院，為了節省成本，紛紛改成診所，他們卻反其道而行，反將診所改為醫院。

「這是我和太太的堅持。」蔡宗冀解釋，診所改為醫院，每月會增加近一百萬元的成本支出，但他們希望能自我提升，進而落實心中的理想，根本不理外界的冷嘲熱諷，堅持經營一家真正的婦產科醫院。

基於這個理念，身為三個孩子媽媽的張涵秀暗自發願，希望所有產婦都能在一個充滿安全感的城堡裡生產，不再擔心害怕。她想起了從小陪她長大的Hello Kitty，「如果能讓產婦在Hello Kitty的陪伴下生產，那就再好不過了。」

問題是，她不認識任何和Hello Kitty有關的人，沒有門路，又怎能讓願望成真？張涵秀於是發揮她不怕苦、不怕難的人格特質，直接找上時任三麗鷗公司台灣區總經理川井良文，娓娓道出她的構想。

全球第一家Hello Kitty醫院

「我真的很大膽，」張涵秀坦承，她根本不懂日文，完全憑著一顆「憨膽」就去找川井良文，「反正有日文翻譯從旁協助，溝通沒問題，沒什麼好怕的！」

第一次碰到有人找上門談空間授權，川井良文驚訝之餘，也將之當成一件非常重要的事，不敢怠慢，馬上從日本找一組人來台灣，看看皓生醫院的建築外觀，也順便了解蔡宗冀和張涵秀的構想。

多次見面後，張涵秀很直白地告訴川井良文，三麗鷗出產的所有商品，從十塊錢到十幾萬元都有，但給人家的感覺只是做生意而已，並沒有建立真正優良的社會服務形象，相當可惜。

她打鐵趁熱說，Hello Kitty 陪著她一起長大，她對 Hello Kitty 有很深的感情，並建議川井良文，應該要誕生其他的 Kitty baby，如此才能擴大 Hello Kitty 的影響力，讓三麗鷗的企業形象更上層樓，走得更久更遠。

川井良文顯然聽進去了，不久即和他們簽下 Hello Kitty 的空間授權，也就是皓生醫院從建築外觀到內部擺設，都可以使用和 Hello Kitty 有關的素材，前提是不得有營利行為。

那時候，皓生醫院正在興建中，川井良文希望能一次到位，從裡到外把所有 Hello Kitty 元素全都納入，打造全球第一家以 Hello Kitty 為主題的醫院，卻被張涵秀婉拒。

「我們沒有錢。」她很坦率地向川井良文表明，她和蔡宗冀都是白手起家的年輕人，雖有滿腔熱血，卻沒有幾個錢，一次到位的資金太多了，她們負擔不了。她向對方建議，不妨讓他們分年度、分計畫執行。見她如此懇切，川井良文欣然答應，「就照妳們的規畫去做吧！」

就這樣，蔡宗冀和張涵秀一年又一年地落實三麗鷗的要求，逐步打造他們夢想中的醫療樂園。

第一年，限於經費不足，只在一樓大廳及地下一樓員工交誼廳各掛一幅大型Hello Kitty畫作，象徵性地跨出第一步。接下來，他們每年都編列預算，從裡到外，把皓生醫院打造得更有Hello Kitty味。

「目前已完成九成左右了。」張涵秀欣慰地說，除了地下室非病患使用的空間尚未整修外，其他病患會接觸到的區域，都已達到Hello Kitty風的夢幻程度。她預計一、兩年內即可全院整修完畢，屆時不管從哪個角度看，皓生醫院都將散發出濃濃的Hello Kitty風。

「誰說只有北部人才能擁抱Hello Kitty？」張涵秀一直認為台灣就這麼點大，不應該有南北之分，也不應有城鄉差異，台北人能天天和Hello Kitty擁抱在一起，難道中南部的人就不能也和Hello Kitty做做朋友？

就是這種不認命、不服輸的個性，她才勇敢找上三麗鷗公司在台灣的最高負責人川井良文，一而再地溝通，最後獲得他的首肯，把全球第一個、且是唯一一個Hello Kitty空間授權交給皓生醫院。

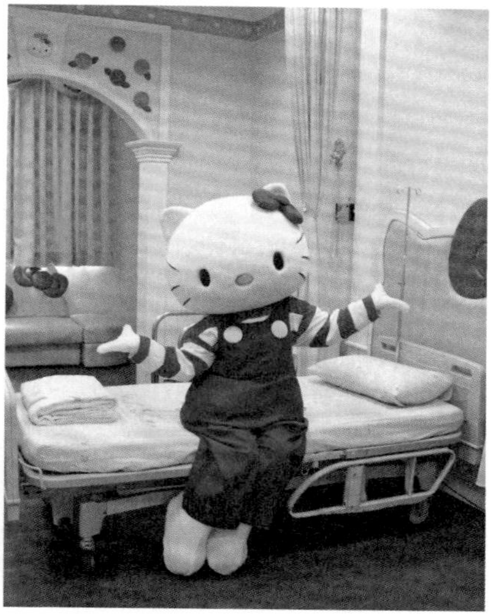

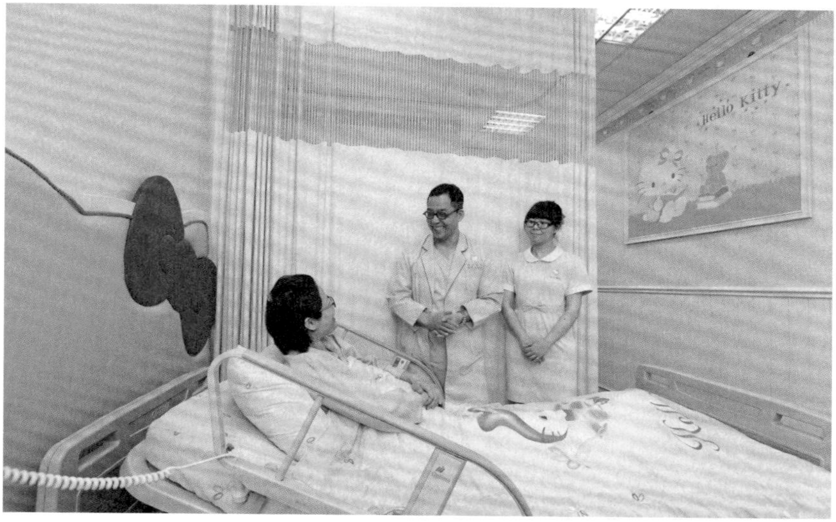

粉紅色布置的Hello Kitty病房，讓孕產婦在愉快的氛圍下，生下健康活潑的小寶寶。

用心打響國際知名度

蔡宗冀說，他們要帶給就診病患的，是單純的快樂和感動。他清楚知道，醫師和病人的共同語言並不多，而Hello Kitty是少數幾個雙方都熟悉且熱愛的對象，更是他們想送給孕產婦和小朋友的溫馨禮物。

「其實，台灣醫界早已走上軍備競賽的不歸路，」蔡宗冀感嘆，比錢比醫療設備，他們永遠比不過財團支撐的大型醫療體系，「但我們有的是溫度，以及溫馨的環境與感受。」

他以《懷孕育兒全書》、《安心育兒書》這兩本專為新手爸媽量身訂做的叢書為例，從封面到內頁，Hello Kitty都是最佳代言人，一拿到手，孕產婦個個驚喜連連，不再視生產為一件令人害怕的事，當然就能以歡喜心迎接即將到來的新生命，沉浸在愛的世界裡。

對於皓生這家全球獨一無二的Hello Kitty空間授權醫院，三麗鷗公司非常重視，每年母親節及週年慶都派員來台參加慶祝活動，順便檢視成果。

日本東京電視台（TBS）得知這消息後，覺得不可思議，一直想不透Hello Kitty醫院竟然不設在日本本土而在台灣，決定來台拍攝專輯一探究竟。

安心育兒書
懷孕育兒全書

第一年，他們只當做一件有趣的事，連續拍了三、四年後，發覺台灣醫療在健保制度下有長足進步，因此才能爭取到連日本也沒有的Hello Kitty醫院，對此深感佩服，於是把到皓生醫院拍攝專輯視為年度盛事，如今已近十年。

這些年來，不少國際媒體紛紛來員林採訪，美國《紐約時報》記者採訪完後，不禁驚呼，「看到這麼溫馨友善的環境，我也好想再生個孩子！」

「這些都是我們努力得來的甜美果實。」張涵秀發現，有了Hello Kitty後，皓生醫院變得完全不一樣，不管是定期產檢的孕婦，還是經過陣痛迎接新生命的產婦，都在Hello Kitty的撫慰下獲得滿足。就算是看到針頭就哇哇大哭的小寶寶，只要抱到一樓大廳看看可愛的Hello Kitty，也多半忘了哭，不難想見Hello Kitty的魅力。

天天和新生兒為伍，蔡宗冀太清楚小寶寶生長發育的重要性，找來Baby Kitty當模特兒，分別是手中抱著蘋果和針劑瓶安瓿的小女生和小男生，取其諧音命名為「平平」和「安安」，讓成長發育中的小寶寶，可以從幫忙穿脫衣服的遊戲中，訓練手部精細的協調動作，甚至增強記憶，贏在起跑點。

「這是台灣才有的設計，也是台灣的驕傲。」蔡宗冀說這話時，一臉得意。

（採訪／林進修）

給年輕的你

學生的成績是老師最大的回饋，子女的成就是父母最大的回饋，而病人的康復就是醫護人員最大的回饋。身為醫護人員，在無私的付出之外，還要提升專業，才能贏得病人的尊敬。

醫療本來就是客製化的服務，因為每個人都不同，同樣的疾病在不同病人身上，也會產生不同的結果。

人們對健康的需求是永無止境的，而醫學的專業與病人的認知，永遠都有一段距離，提升自己的專業，才能夠贏得尊敬，所謂「門診一分鐘，過去十年功」。

當專業變成傲慢就是糾紛的開始，要同時學習做人與做事，即使將病人醫好了，但話講錯了，一樣是失敗的。

最後要照顧好自己以及周遭的人，因為有快樂的醫師，才有快樂的工作夥伴，有快樂的工作夥伴及團隊，才有快樂的病人。

蔡宗冀

ACTION

11

找到屬於你的位置

不像醫師的醫師：蘇俊仁

"二〇一三那一年，
我收到五十二人次病患送我自家種的芒果。
多到都可以送朋友了。"

從台南市區開車出發，到開元路接上台二十線往東走，經過舊名大目降的新化後，少了高樓大廈的壓迫感，放眼望去一片金黃，深秋的嘉南平原溫暖而平靜，讓人心曠神怡。

來到左鎮，過門不入，右轉台二十乙線繼續前行，路突然變窄，彎度也加大，成片竹林在土地上婆娑搖曳，別有一番風情。過了菜寮溪，再從西埔國小斑駁的校門口繞過，一個多小時後，南化終於映入眼簾。

停好車子，走進緊鄰南化國中的南化區衛生所，雖是早上九點多，一樓候診室還是空盪盪的，只有一名護理人員在診間忙進忙出，整理資料。

「請問蘇主任在嗎？我們和他約好今早見面。」

「在，他就在二樓會議室等你們。」護理人員停下手邊工作，熱心地指著候診室旁的樓梯，「上了樓梯，就是會議室了。」

「南化是不是很大？」才打完照面，蘇俊仁笑了笑，開始認真介紹起這個偏遠的山居小城。他說，在台南市三十七個行政區中，南化位於最東側的邊陲地帶，面積比舊台南市區還大，人口卻不到九千人，常住人口只有兩千人左右，其中半數以上又是老人，不難想見其生活步調的緩慢。

「四年多了。」蘇俊仁閉目想了一下，緩緩說出他和這個山城小鎮的特殊情緣。從臺北醫學院醫學系畢業後，蘇俊仁入伍服役，當的是預備役醫官，先被派到防砲部隊，後來又被調到新竹空軍醫院、台南空軍醫院任職，最後再調往外島，在馬祖北竿退伍。

北竿的軍旅生活

剛到北竿，天高皇帝遠，他每天睡到自然醒，下午從被窩鑽出來後，就在島上到處閒晃，或找熟識的居民聊天喝酒，混到半夜才上床睡覺，日復一日。

或許真的太無聊了，他有時會去抓些蟾蜍，去頭剝皮，再加薑絲和些許的酒煮成蟾蜍清湯，請部隊長官吃，巴結一下。

走過大半輩子，蘇俊仁如今回想起那段荒唐歲月，還是覺得興味盎然，直說那是他這輩子最幸福、也最輕鬆的日子。

就因日子過得無聊透頂，他有次上公文給營長，自動請纓到各陣地探視弟兄，關心他們的健康狀況，「其實，那只是藉口。」他毫不遮掩地說，他不過找機會到處走走玩玩。

玩歸玩，該做的事還是得做。那段期間，蘇俊仁把所屬連隊及獨立班哨全都走過一遍，也幫長期待在潮濕坑道而染上皮膚病的弟兄看診，營長還因此記他小功。

俗話說福禍相依，並不是所有好事都是好事，有時好事反而是壞事。他苦笑說，部隊是一個蘿蔔一個坑，記功有限額，他多拿了支小功，意味其他人就少了一次記功的機會，那些記不到功的職業軍官，當然把帳全都算到他頭上，找機會整他。

鬧得沸沸揚揚之際，他的長官想出後過抵前功的點子，挪出一支小功給那些吵著要的職業軍官。但要記過，總得有個理由，沒多久長官硬塞個遺失公文的罪名給他，把他整得七葷八素，還好最後他安然脫身，順利退伍。

退伍後，蘇俊仁拋開所有不如意，選擇到林口長庚醫院外科當住院醫師。升上住院醫師第二年時，有天他推著一車病歷到病房，巧遇神經外科主任王大鈞，王大鈞看他做事挺認真的，鼓勵他到神經外科接受住院醫師的專科訓練，他也就這樣走進這個相當專業的醫療領域。

從外科醫師到衛生局長

六年神經外科專科訓練中，他在升上住院醫師第四年時，被派到美國德州達拉斯的西南醫學中心，接受半年基礎醫學訓練。在那個曾經培養出三位諾貝爾生理暨醫學獎的醫學重鎮，就算一個再平常不過的腦血管動脈瘤，都會很仔細地加以處理，認真敬業的態度讓他開了眼界。

回國後，他繼續留在林口長庚，完成第五及第六年的住院醫師訓練，接著轉到基隆長庚服務。在一次偶然機緣下，他接受台南奇美醫院神經外科主任許達夫邀請，轉赴奇美，一待就待了七年。

「俊仁兄，你要不要當衛生局長？」有天，一通突如其來的電話，打亂了他的生涯規劃。

在南化這個山城小鎮找到屬於自己的位置，平常在衛生所看診，午休時間去騎自行車，蘇俊仁的人生變得快樂起來。

打電話的是當時任立法委員的賴清德，他們同屬民進黨新潮流系成員，算是舊識。蘇俊仁只考慮了幾秒鐘就答應了，從此轉換跑道，加入台南市長張燦鍙的市府團隊，接任衛生局長。

蘇俊仁和政治攀上關係，可追溯到一九九二年。那年春天，一群關心台灣前途的醫界人士，在已故中央研究院院士李鎮源號召下，假台北市中泰賓館成立台灣醫界聯盟，當時他在林口長庚醫院工作，特地抽空上了台北，到現場簽個名就走了。

轉到台南奇美服務一、兩年後，台灣醫界聯盟在台南成立分會，賴清德、許重勝、錢橙山、黃昭凱和他等人都鼎力支持。黃昭凱有意參選國大代表，從國外帶了一套播音器材回國，一九九四年在台南成立南都廣播電台，以發揚本土文化為職志。蘇俊仁於是和陳沛仁、王正坤、林譽煌及賴清德等一群成大附設醫院志同道合的朋友，開闢《空中醫療網》節目，每天晚上在空中解決廣大聽眾的疑難雜症，頗受好評。

那一陣子，《空中醫療網》這群成大住院醫師聯誼會成員，以及以林譽煌、賴清德、黃先柱、黃昭凱為主的民進黨新潮流系，分陸、空兩路一起為黃昭凱助選，後來也如願將他送進國民大會。

打完那次選戰，南都電台沒人掌管，處於群龍無首狀態，蘇俊仁只好接下來經營，並再次發揮地方電台人親土親的特色，分別在賴清德參選國大代表、立法委員，以及施明德投入台南市區域立法委員選戰發聲出力，成功將他們護送上壘。也因這層關係，他才順勢加入民進黨新潮流系，從此走上政壇。

一語驚醒夢中人

從張燦鍙到許添財，蘇俊仁歷經兩任市長，他事後回想那幾年的一些事，坦誠他不是政客，根本就不適合從政。許添財主政時期，他的表現一直不受長官肯定，市立醫院續約案也未配合市府政策行事，導致他和市長關係緊張，撤換流言不斷。二〇〇七年六月台南市爆發登革熱，疫情一直無法有效控制，兩個月後榮民之家更出現集體感染風暴，事態嚴重，他於九月黯然下台。

蘇俊仁強調，身為衛生局長，他做自己認為應該做的事，不太理會市長的要求，最後雙方幾乎沒有對話。

蘇俊仁感慨，權利來自理性的溝通，既然少了這道程序，在市長透過主任祕書傳話，要他在市府祕書和台南市北區衛生所主任擇一調任的人事命令下，他也只能接受事實。

在北區衛生局蹲了幾個月，他覺得沒多大作為，就主動請辭，轉到南投草屯佑民醫院另謀發展。但他個性依舊沒改，還是不喜歡講話，和大多數活潑外向的外科醫師完全不一樣，很難在以病人為尊的台灣醫療市場討到便宜。

「你真的很難相信，我最後竟淪落到門診、病房和開刀房都沒有病人的慘狀。」現實壓力下，他不得不和佑民醫院說再見。

離開待了七個月的草屯佑民醫院，來到雲林虎尾的若瑟醫院，蘇俊仁個性好像也沒多大改變，還是一副惦惦做事的模樣。有天，一位專科護理師再也看不下去，當著他的面說：「蘇醫師，你不像個外科醫師！」

「這對我的打擊滿大的。」蘇俊仁坦承，以前他只管自己，不太在意外界觀感，但這句話直接

> “我的想法對，但我的做法錯了，
> 當年應該向病患講半個小時，
> 勸對方不用接受無謂的治療，
> 但我卻只講了三分鐘。”

撞擊到他內心深處，可說是一語驚醒夢中人。

「沒錯！她講得非常正確。」他把那席話咀嚼再三後，大嘆：「原來如此！」蘇俊仁解釋，那位專科護理師眼中的一般外科醫師，都很會說話，更會鼓勵、勸病人開刀，病患當然絡繹不絕。

反觀他看診時，最常說的是，「你這毛病不用吃藥，沒事啦！」如果病患不死心，硬要他排開刀，他更是再三向對方解釋病情沒那麼嚴重，「不開又不會死，不用開刀啦！」

這種把大部分病患往外推的做法，別人看來是沒有生意頭腦、自斷生路，蘇俊仁卻堅持完全正確，「沒事吃藥、開刀，幹嘛啊？」

只不過在走過漫長的崎嶇路後，如今有了年紀的他，稜角少了，也不禁為自己緩頰，找個台階，「我的想法對，但我的做法錯了。」他認為，當年應該向病患講半個小時，勸對方不用接受無謂的治療，「但我卻只講了三分鐘。」

找回自己

沒病患上門，臉皮再厚也不好意思待下去，虎尾若瑟醫院他待了十三個

蘇俊仁住在南化衛生所後面宿舍，若上午診提早看完，他會去照顧滿園的花花草草。

月，比草屯佑民醫院還多半年。正當他面臨失業之際，台南縣衛生局長陳耀德找他幫忙，麻豆、新營、龍崎和南化四個鄉市鎮的衛生所主任出缺，要他隨便挑一個。

台南縣政府所在地的新營太都市化了，不喜歡；麻豆正好位於台南縣正中央，也不怎麼好玩；龍崎和南化都是偏遠山區，滿符合他熱愛大自然的個性。最後他選擇南化，主要是他從未到過，覺得既新鮮又有挑戰性。

「我太喜歡這個地方了。」蘇俊仁難掩興奮地說，南化地處偏遠，並不是每個人都能待得下來的地方，能到這種地方服務，再好不過了。

更重要的是，「在這裡，我有很多時間，卻只有很少的事情。」對閒散慣了的他來說，簡直爽到爆。

揹起簡單行囊，他把老婆、孩子留在府城台南，自己開車到南化衛生所上任，住在衛生所後面的職務宿舍裡，每天清晨七點打開衛生所大門，讓習慣早起的民眾到裡面候診。

八點開診時，候診室通常沒幾個人，蘇俊仁好整以暇地一一叫名，再耐心聆聽這些鄉下歐巴桑、歐吉桑陳述病情，聽來聽去不外乎腰痠背痛、頭暈目眩，或晚上在床上翻來覆去、睡不著覺，全都是小毛病，開些普通藥物，再安慰幾句，就可讓他們放心回家去。

幾年下來，蘇俊仁發現自己已變得完全不一樣，親切、和藹可親又關心病人，他形容是「找回自己」。

「在南化，你不必很厲害，而病人也不期待你很厲害。」很多病患只把衛生所當藥局，隨時上門拿藥，這種專業上的落差，剛開始他還很不習慣，久了也就習以為常。

他經常灌輸當地居民一個觀念，如果身體出現病痛，成大醫院是就醫的第一選擇，其次是高雄旗山的溪州醫院，和位於台南新化的新化診所，接下來才是排在第四順位的南化衛生所。

他的心不再冷冰冰，身段也變軟了

找到屬於自己的位置後，蘇俊仁突然變得快樂起來，病患把他當朋友，樂於傾吐身體種種病痛，當然也樂於分享自家農產品，「二〇一三那一年，我收到五十二人次病患送我自家種的芒果，」他得意地說，「多到都可以送朋友了。」

在南化這鳥不生蛋的偏遠山區待久了，蘇俊仁幾乎認得所有居民，看診就像朋友聊天般輕鬆，沒有硬邦邦的規矩，遇到歐吉桑忘了帶健保卡，他照樣看診、給藥，最後還不收錢。

「這樣你們不就虧大了？」

「還好啦！反正也不是每個人都會忘記帶健保卡。更何況，我們這裡還有些多出來的藥，放久了會過期，就免費送他吃囉！」

這種毫無架子的隨和作風，在鄉下地方很受用，「他們怎會不感謝你？」蘇俊仁顯得相當得意。

有一次，一位老歐吉桑一拐一拐地走進衛生所，腳上有道工作時不小心割破的長傷口，衛生所沒有開刀房可以進行縫合手術，蘇俊仁建議他轉到成大或署立台南醫院等大醫院醫治，老歐吉桑卻靜靜地坐著，一動也不動，沒有要轉到大醫院的意思。看了這個情況，他趕緊從皮包抽出一張千元大鈔，塞到對方上衣口袋裡，扶著走出大門。

兩天後，那名老歐吉桑刻意來到衛生所還錢，蘇

“

鄉下人很古意，
身上沒錢也不好意思講，
我能做的，只是適時幫一下。

”

俊仁眼睛一瞄，腳上的傷口已縫好了。

蘇俊仁說，鄉下人很古意，身上沒錢也不好意思講，他能做的，只是適時幫一下，其實也沒有多麼了不起。

衛生所例行性工作居多，相對輕鬆，早上八點的上午診，通常不到十點就看完了，蘇俊仁會回後面的宿舍看書、聽音樂，或照顧滿園的花花草草。若臨時有病人上門，診所護士再打內線電話通知他出來看診，相當隨興。

蘇俊仁中午不吃中飯，也不睡午覺，午休時間一到，往往穿上全身專業裝備，跨上那輛相當高級的自行車，到附近山區騎一圈，再回來看下午診。

有時候，他會出門拜訪病人，關心他們的健康狀況。蘇俊仁坦承，他以前根本不可能做這種事，但自從離開台南市衛生局，且在草屯佑民及虎尾若瑟等醫院跌跌撞撞走一遭後，他的心不再冷冰冰，身段也變軟了。

「我從不知道，我會是這種人，」他想了想，「也許，我本來就是這個樣子。」

（採訪／林進修）

ACTION

12

永遠活在青春期

為人生出征的一群老男孩：
臺北醫學大學
校友橄欖球隊

橄欖球是充滿哲學的一種運動，不僅教導每位球員負責任、吃苦耐勞，同時也標榜團結。

一個陰天午後，基隆河畔，兩支隊伍的球員不斷奔跑，彼此衝撞、擒抱、倒地翻滾、鬥牛角力、飛撲達陣，高度激烈、肉體相搏的橄欖球賽在草地球場上翻騰，但有一點相當奇特：場上場下，竟都是一群中老年人。

有人頂著花白頭髮，在球場上跳起來爭球，抓住後繼續往前衝；有人已經重聽，隊友怎麼喊都聽不見，卻仍全心全意把球推進一碼又一碼……。

這是「台灣無惑橄欖球俱樂部」，每逢星期日，這些「老男孩」們就聚集在台北百齡橋下的球場練球，風雨無阻。

臺北醫學大學附設醫院腎臟科主治醫師、北醫大管理發展中心主任吳麥斯就是其中一員。他說，俱樂部裡的球員們幾乎都來自過去大專甲組、大專乙組

的橄欖球隊，臺北醫學大學橄欖球隊也是其中一支，且人數最多，每個月第三個星期日還被訂為「北醫日」，每到這天，北醫大橄欖球隊的學長、學弟大集合，可以自組一隊進行友誼賽。

等我三個禮拜，我就回球場！

曾擔任北醫橄欖球隊隊長的吳麥斯今年五十多歲，他說，在橄欖球界，北醫是很重要的學校，「並不是因為特別強，是持續。」

許多體育大學的選手，當他們從國家代表隊退下來後，往往營生不是那麼順利，再回到球場的機率也不高；反而是北醫大畢業的這一些醫師、藥師們，在邁入職場工作之後，還有餘裕回到球場上揮灑汗水，甚至投入台灣橄欖球運動發展中。

他指著球員一一介紹：場上的「球員」們年紀都在五十歲以上，穿深藍色褲子的是五十至六十歲，紅色褲子是六十至七十歲，黃色褲子的是七十歲以上，紫色褲子的是八十歲以上，只是今天場上沒有。對橄欖球的熱情怎麼能維持幾十年？「橄欖球是會讓人上癮的運動。」所有「ＯＢ」們（Old Boys）不約而同這麼對我說。

星期日的橄欖球之約，是他們每個星期的盼望，不管晴天、雨天，甚至颱風天，都有人到球場邊等雨轉小，下場再比一回。連闔家團圓的農曆年間，也要呼朋引伴：「這星期日有沒有人要去？」

橄欖球是極激烈的運動，即使年輕人下場都容易受傷，何況上了年紀的人。但這群永不退役的「上癮」球員，在摔斷手骨、腳骨後，還不忘傳訊息給隊友：「等我三個禮拜，我就回球場！」

說起橄欖球，這些事業有成的醫師、企業家內心的小男孩都跑了出來，成為名符其實的「老男孩」。

「橄欖球是很豪放、很man的運動。」北醫大第十一屆牙醫校友石公燦說，橄欖球可以縱情奔跑，還可以手腳並用，是「紳士玩的流氓遊戲」，大大滿足他們活動的渴望。

吳麥斯也說，這就是屬於小男生的運動，在土地上摔、翻滾，可以拉人、撞開別人，是個與人親近的運動；而且場上必須全神貫注，「會忘掉所有事。」他回憶，大學在林鎮岱教練帶領下，每天中午都要練球，風雨無阻，全年只休除夕、初一、初二這三天。

北醫橄欖球榮耀史

北醫橄欖球隊歷史輝煌，曾獲得大專乙組第二名佳績，早年更曾連續七年獲得五專組冠軍。台灣早期的橄欖球名校有建國中學、長榮高中、淡江高中等學校，北醫橄欖球隊成員多來自建國中學。

北醫橄欖球「OB會」會長徐信隆是北醫醫技系校友，六十四歲的他身材相當精壯，上場仍然滿場飛。他介紹北醫橄欖球隊可分三階段，一九六〇年代創隊時，有國手葉秀明、原本踢足球的李宏信等建中校友進入北醫，球隊尚未成立就要比賽，熬了兩年才打出比較好的成績。

當時北醫並沒有正規運動場，經常有羊在球場上吃草，跑步、撈球時，踩到、撈到羊糞是常有的事。

一九六五年，北醫迎來第一批醫技專科部學生，壯大橄欖球隊陣容，一九六六年首度參加大專盃七人

“

橄欖球是屬於小男生的運動，
在土地上摔、翻滾，可以拉人、撞開別人，
是個與人親近的活動。

”

制錦標賽就奪得冠軍，一九六八年起更連續七年稱霸五專組冠軍。

第二階段是一九七〇年代，此時北醫橄欖球隊持續在大專盃七人制、十五人制比賽中稱霸，並連續五年贏得五專組冠軍，因此在一九七二年獲得出國比賽資格。

在那個踏出國門相當困難的戒嚴年代，北醫橄欖球隊代表台灣赴日本比賽，徐信隆也在隊中。他說，當時能去日本非常新鮮，尤其到了比賽場地——位於八王子的日本國家球場，更為氣派、美麗的場地讚嘆不已。

徐信隆笑說，在日本比賽的成績十分有趣，他們分別與日本醫學盃冠軍日本大學齒科部、亞軍東京藥大比賽，結果贏了冠軍，輸了亞軍，「表示大家實力都差不多。」

第三階段則是一九七〇年代末期之後，北醫橄欖球隊回到大專盃乙組競賽，吳麥斯就是這時考進北醫。橄欖球運動講求團結，不僅隊友間情感比兄弟還親，學長、學弟間的關係也相當緊密，即使在現在的「ＯＢ賽」，場邊還可以見到學長親自示範，指導學弟動作及戰術。

這次北醫橄欖球隊的訪問，就在ＯＢ賽的球場邊進行，訪談也有如球賽中的橄欖球般，一個接過一個，由不同的學長、學弟接力把故事說下去。

星期日的橄欖球之約，這群老男孩們約好風雨無阻，不見不散。左上圖：北醫橄欖球「OB會」會長徐信隆；右上圖：曾任北醫橄欖球隊隊長的吳麥斯（左一）。

「鐵漢」運動

吳麥斯說，被選為橄欖球員的學生體格往往相當好，他不夠高、不夠壯，一九七八年入學後，卻被建中好友、同是北醫醫學系的同學曾兆麟拉入橄欖球隊，結果就這樣一個拉一個，「我們這班竟然有十三個同學都在橄欖球隊裡。」他笑說，這些人的身材大都很不標準，並不是天生打橄欖球的料，但他們非常團結，練球比學長還認真，頭一、兩年都在大專盃初賽被淘汰，等到他大四、大五時，已經可以連續拿下大專盃乙組亞軍，僅輸給陸軍官校橄欖球隊。

「我從這個運動裡學到很多，」吳麥斯說，橄欖球是充滿哲學的運動，不僅教導球員負責任、吃苦耐勞，同時也標榜團結，「橄欖球是團隊，不是個人運動。」

石公燦也說，這個運動靠的是團隊得分，不像足球有明星球員，最重要的精神是犧牲自己、幫助別人得分，是「不自私的球」，每個人也都知道，自己能得分不是因為個人，而是靠隊友的成全。

橄欖球賽中，球員抱著球往前跑，一旦被攔截、擒抱、撲倒，只能把球傳給後方的隊友，「這就像兩軍作戰時，插軍旗的概念，前面的隊友犧牲了，後面的上前補上，奮勇向前。」所以橄欖球同時也是陸軍的軍種球。

橄欖球最迷人的，還是奮戰不懈，打死不退的精神。在球場上，每個人都有自己的位置，不可互換，也無可取代。吳麥斯強調，每個位置都是一份責任，若敵方的人攻過來，要想方設法攔下對方：「誓死維持你的責任，誰對上你的位置，那個人就是你的，如果讓對方衝過去了，就是一種恥辱。」

甚至在正式比賽中，因為撞擊而受傷，即使骨頭斷了，只要還能跑，稍微固定之後，還是繼續在場上傳球、奔跑、撲倒，該有的動作一點也馬虎不得。

我想，橄欖球是「鐵漢」運動，要求百分之百投入，認真地看待每位球員的背號，將體力與腦力發揮到極限，用榮譽感與責任交織成令人動容的詩篇。

橄欖球教會他們熱血與堅持，即使相隔幾十年，堅守崗位、打死不退的責任心從未放下，只要回到場上，就必須再從自己的位置突破包圍，守下每一個敵手。「從學生時期到現在，我的球衣都是十三號。」吳麥斯驕傲地對我說。

加入橄欖球隊「改變一生」

因為橄欖球如此獨特的「球性」，球隊的凝聚力極強，每天一起練球，甚至每週末的比賽一起吃、一起睡，更使球員成為彼此的家人。「我幾乎沒有大學生活，就是練球。」吳麥斯說，由於每天中午要練球，上午九點、十點先聚在一起吃便當，中午練球一個小時至一個半小時，接著或許在球場，或許回宿舍，一同聊天，討論場上的戰術，「整天都泡在一起。」

即使到今天，與吳麥斯同班的橄欖球隊員們，還是經常在球場上聚首。他笑著拉過曾兆麟說：「我們高中時是好朋友，他說上大學只要做兩件事，照相和打橄欖球，照相我沒辦法，就跟他一起打橄欖球。」吳麥斯說，曾兆麟是場上的「最佳十號」，是球隊核心，負責啟動攻擊、防守。曾兆麟則說，吳麥斯是得分好手，跑得飛快，「只要把球丟給他達陣就好！」

加入橄欖球隊，對這些大男孩而言，說是「改變一生」也不為過。吳麥斯提到來自台南的同學杜元坤，原本是個文藝青年，出身世家子弟，小學四年級

“

這就像兩軍作戰時，插軍旗的概念，
前面的隊友犧牲了，
後面的人就上前補上，奮勇向前。

”

就當上台南市立交響樂的第一小提琴手，考大學時，英文成績全台南第一名，是標準的好學生，頭腦非常聰明。在上大學前，杜元坤彷彿與激烈運動無緣，「身材有點胖胖的，不是很靈活。」沒想到升上大學後，與另一位台南人陳至真同班又同寢室，超過一百八十公分的陳至真體格極佳，被教練找來加入橄欖球隊，他拉著杜元坤說：「你也來打！」吳麥斯笑說，從此杜元坤從文藝青年變成「野蠻人」，甚至學會蹺課，只有考前臨時抱佛腳念個幾天書。

「我們那時都是到了考試前才閉關念書。」平時都在練球、比賽，花大把時間與隊友廝混，考前一、兩個星期才很有「危機意識」地一個拉一個，練完球就認真念書，一起聚在寢室惡補。吳麥斯的成績算不錯，一班一百四十至一百五十人，他可以維持在十幾、二十名；但他「爆料」，杜元坤考前幾天可能都還在陪女朋友上課、散步，考前一天邊看顯微鏡邊打瞌睡，隔天起床眼睛周圍一圈瘀青造成的「黑眼圈」，笑倒一干人，最後以一百多名成績畢業。

在我看來，能考上醫學系，這些球員們都聰明絕頂，否則醫科專業又怎能只靠考前一、兩個星期惡補就過關呢！回想當初，吳麥斯感嘆：「當時到底怎麼過的，現在想來都非常神奇。」他印象尤其深刻的是，大四時打入大專盃乙組全國冠軍賽，隔天是病理學期末考，同班十幾個隊員念書到凌晨四點，早上

橄欖球最迷人的，是奮戰不懈、打死不退的精神。

九點下場比賽，「打到下半場就沒力了。」只能抱回亞軍獎座。

隨著時間淬鍊，這些並肩作戰的戰友感情更為深厚，橄欖球的精神也成為他們的行事準則及指標，在職場上變成助力，標記成功的特質。吳麥斯曾任北醫大附設醫院副院長；杜元坤進入職場後，專注認真一如橄欖球場上，如今是義大醫院院長；早幾屆的校友李芳裕畢業於藥學系，為永信藥品董事長；其他隊員也都在專業領域上各有專精，醫師、藥師及醫療產業中的菁英輩出。

「他們比較能吃苦，很苦的時候就想橄欖球。」北醫橄欖球隊靈魂人物林鎮岱說，橄欖球的訓練就是，「受傷時，看敵方來，還是要去抱，球來還是要去搶。」不退縮、不喊苦，能夠從球場上堅持下來，在職場上自然也有過人的成功決心。

（採訪／陳幸萱）

醫學人文 BMP002A

國家圖書館出版品預行編目(CIP)資料

走，不一樣的路：臺北醫學大學校友的精采人生故事／林進修．陳幸萱 著；-- 第一版. -- 臺北市：遠見天下文化，2015.05
面； 公分. --（醫學人文；BMP002）
ISBN 978-986-320-727-6（平裝）
1. 臺北醫學大學 2. 臺灣傳記

525.833/101 104007147

走，不一樣的路

臺北醫學大學校友的精采人生故事

作者 ── 林進修．陳幸萱
客座總編輯 ── 閻雲

主編 ── 李桂芬
責任編輯 ── 李嫈婷
美術設計 ── 江孟達工作室
攝影 ── 蔡世豪（特約）：P.27、29、35、37、38（左上、下）、45、48、131、133、141、144、147、149、151、169、171、174（左上、右上）、178、181、184、187、189、190、195、198（下）、203（下）、205、207
林進修：P.38（右上）、42、51、63、67、75（下）、80（上）、87、102、105、153、159、161（上）、174（下）、183、209、211、215、218、220、223
吳東峻（特約）：P.69、71、75（左上、右上）、78、80（下）、83、85、155、156、161（下）、163、164、168
林衍億（特約）：P89、91、94、99、107、109、111、113、114、125、127
張志成（特約）：P.225、227、230、232、235、237、239
陳幸萱：P.12（左上）、15、17（右上二）、116（右上）

照片提供 ── 蕭賀碩：P.7、9、10、12（右上、下）、17（左上、右上一、下）、20、22、25
天主教若瑟醫院：P.30
謝文儒：P.55、59、64
廣內世英：P.116（左上、下）、121、128
王志堅：P.136
皓生醫院：P.192、198（上）、203（左上、右上）

出版者 ── 遠見天下文化出版股份有限公司
創辦人 ── 高希均、王力行
遠見．天下文化．事業群 董事長 ── 高希均
事業群發行人／CEO ── 王力行
出版事業部副社長／總編輯 ── 許耀雲
出版事業部副社長／總經理 ── 林天來
版權部協理 ── 張紫蘭
法律顧問 ── 理律法律事務所陳長文律師
著作權顧問 ── 魏啟翔律師
地址 ── 台北市 104 松江路 93 巷 1 號 2 樓

讀者服務專線 ── 02-2662-0012 ｜ 傳真 ── 02-2662-0007, 02-2662-0009
電子郵件信箱 ── cwpc@cwgv.com.tw
直接郵撥帳號 ── 1326703-6 號 遠見天下文化出版股份有限公司

排版 ── 立全電腦印前排版有限公司
製版廠 ── 立全電腦印前排版有限公司
印刷廠 ── 立龍藝術印刷股份有限公司
裝訂廠 ── 明和裝訂有限公司
登記證 ── 局版台業字第 2517 號
總經銷 ── 大和書報圖書股份有限公司 電話／(02)8990-2588
出版日期 ── 2015 年 5 月 21 日 第一版
2015 年 6 月 5 日 第一版第 2 次印行

定價 ── NT$380
ISBN ── 978-986-320-727-6
書號 ── BMP002A
天下文化書坊 ── www.bookzone.com.tw